Taoismo: o caminho de sabedoria da China

SÉRIE PANORAMA DAS CIÊNCIAS DA RELIGIÃO

DIALÓGICA

O selo DIALÓGICA da Editora InterSaberes faz referência às publicações que privilegiam uma linguagem na qual o autor dialoga com o leitor por meio de recursos textuais e visuais, o que torna o conteúdo muito mais dinâmico. São livros que criam um ambiente de interação com o leitor – seu universo cultural, social e de elaboração de conhecimentos –, possibilitando um real processo de interlocução para que a comunicação se efetive.

Taoismo: o caminho de sabedoria da China

Joachim Andrade

EDITORA intersaberes

Rua Clara Vendramin, 58 | Mossunguê | CEP 81200-170 | Curitiba | PR | Brasil
Fone: (41) 2106-4170 | www.intersaberes.com | editora@editoraintersaberes.com.br

Conselho editorial Dr. Ivo José Both (presidente) | Drª Elena Godoy | Dr. Neri dos Santos | Dr. Ulf Gregor Baranow || *Editora-chefe* Lindsay Azambuja || *Gerente editorial* Ariadne Nunes Wenger || *Preparação de originais* Gustavo Ayres Scheffer || *Edição de texto* Palavra do Editor || *Capa* Sílvio Gabriel Spannenberg (*design*) | Rich Carey e ADELART/Shutterstock (imagens) || *Projeto gráfico* Sílvio Gabriel Spannenberg | Rich Carey e ADELART/Shutterstock (imagens) || *Diagramação* Renata Silveira || *Equipe de* design Débora Gipiela | Mayra Yoshizawa || *Iconografia* Sandra Lopis da Silveira | Regina Claudia Cruz Prestes

Dados Internacionais de Catalogação na Publicação (CIP)
(Câmara Brasileira do Livro, SP, Brasil)

Andrade, Joachim
Taoismo: o caminho de sabedoria da China/Joachim Andrade. Curitiba: InterSaberes, 2020. (Série Panorama das Ciências da Religião)

Bibliografia.
ISBN 978-65-5517-543-1

1. Ciências 2. Religião 3. Taoismo 4. Taoismo – Doutrinas 5. Taoismo – Livros de oração I. Título II. Série.

20-35145   CDD-299.514

Índices para catálogo sistemático:
1. Taoismo: Religião   299.514

Maria Alice Ferreira – Bibliotecária – CRB-8/7964

1ª edição, 2020.

Foi feito o depósito legal.

Informamos que é de inteira responsabilidade do autor a emissão de conceitos.

Nenhuma parte desta publicação poderá ser reproduzida por qualquer meio ou forma sem a prévia autorização da Editora InterSaberes.

A violação dos direitos autorais é crime estabelecido na Lei n. 9.610/1998 e punido pelo art. 184 do Código Penal.

SUMÁRIO

7 | Apresentação
13 | Como aproveitar ao máximo este livro
16 | Introdução

21 | **1 Uma aproximação ao pensamento religioso chinês**
22 | 1.1 Resgate histórico da civilização chinesa
24 | 1.2 Universo cosmológico da antiga China
27 | 1.3 Universo religioso da antiga China
28 | 1.4 Desenvolvimento do pensamento religioso chinês
31 | 1.5 Confucionismo e seu desenvolvimento
38 | 1.6 Pensamento místico do taoismo
40 | 1.7 Pensamento budista do caminho do meio na China

49 | **2 Taoismo: um guia em direção à sabedoria**
50 | 2.1 O que é o taoismo?
53 | 2.2 Origem do taoismo religioso
58 | 2.3 Taoismo: corpo e mente
60 | 2.4 Três formas de taoismo
64 | 2.5 Os princípios éticos do taoismo
66 | 2.6 Sentido religioso do não agir no taoismo

72 | **3 Lao-Tzu, o Velho Mestre – um sábio**
72 | 3.1 Quem foi Lao-Tzu?
77 | 3.3 Três fases de vida de Lao-Tzu
83 | 3.4 Ponto de partida para a elaboração da doutrina
87 | 3.5 Contribuições de Lao-Tzu

92 | **4 *Tao Te Ching* – O Livro do Caminho**
93 | 4.1 A autoria e as origens
94 | 4.2 Conteúdo do *Tao Te Ching*
102 | 4.3 Compreensão da transcendência no taoismo
103 | 4.4 O sentido religioso do não agir
105 | 4.5 *Chuang Tzu*

112 | **5 *I-Ching* – O Livro das Mutações: ideograma do *yin-yang***
113 | 5.1 Trilhando pelas fontes históricas do *I-Ching*
115 | 5.2 Os princípios de sabedoria do *I-Ching*
117 | 5.3 Os padrões cíclicos do *yin* e do *yang*
124 | 5.4 Os trigramas e os hexagramas
129 | 5.5 A essência do *I-Ching*

136 | **6 Presença do taoismo no Ocidente**
137 | 6.1 A cultura chinesa na visão do Ocidente
138 | 6.2 Os ocidentais na China
140 | 6.3 O taoismo pelas lentes ocidentais
141 | 6.4 As formas de difusão do taoismo no Ocidente
146 | 6.5 A visão holística da vida e do mundo
148 | 6.6 O taoismo no Brasil

153 | Considerações finais
156 | Referências
159 | Bibliografia comentada
161 | Respostas
165 | Sobre o autor

APRESENTAÇÃO

O continente asiático é o berço de grandes tradições religiosas, sustentadas por cosmovisões próprias com conteúdos elaborados para estarem em harmonia com a natureza. Essa visão holística das tradições do Extremo Oriente levou ao desenvolvimento de uma mística peculiar, de uma visão circular do mundo e de uma sabedoria para a vida humana com traços bastante particulares. As religiões chinesas fazem parte desse universo holístico com suas contribuições em campos variados. Na atualidade, a China tem muita influência no Ocidente em áreas diversas, principalmente no comércio; todavia, no campo religioso, a China e sua influência ainda são pouco conhecidas.

Sendo um país distante do Brasil, existe pouca bibliografia sobre a China em português. Porém, podemos destacar o livro que aborda a história moderna da China escrito pelo britânico Jonathan Spence, sinólogo que se aprofundou no estudo da cultura chinesa moderna na obra *Em busca da China moderna*. Esse livro é fundamental para compreender a civilização chinesa nas universidades dos países ocidentais. Como afirmou Marcos Lanna (1997, p. 255), que publicou um pequeno resumo sobre a obra: "É uma 'história geral', um pouco como se fazia antigamente, de amplo escopo (de 1600 até os nossos dias), abordando um país para nós misterioso. Spence analisa o final da dinastia Ming, a dinastia Qing (1644-1912), o período republicano e posteriormente o comunista".

Spence (1996), a princípio, em uma linguagem mais acessível, faz uma reavaliação de temas de livros anteriores, inclusive os clássicos das religiões chinesas. Ele demonstra que a história chinesa é, em grande medida, feita "por 'valores imutáveis' e 'ciclos sobrepostos de colapso e reconsolidação'. Sua preocupação com detalhes não o impossibilita, mas, ao contrário, o auxilia a nos mostrar continuidades em vários setores. A principal delas talvez seja a ocorrência de revoltas ou rebeliões contra o poder do Estado" (Lanna, 1997, p. 255).

A preocupação do livro de Spence era apresentar a China moderna, principalmente desde os últimos dois séculos até o surgimento do comunismo, com temas específicos como o poder central, a relação da China com países estrangeiros – em especial os Ocidentais – e a história militar da China. Um dos aspectos que podem ser observados na citada obra é a influência das tradições religiosas milenares tanto no fracasso do Estado como na propagação dos valores sociais e religiosos na sociedade chinesa. Nesse contexto, encontra-se a análise das tradições milenares, entre as quais o taoismo, de que trataremos neste livro.

De modo geral, as religiões chinesas abrangem um universo mais amplo, incorporando filosofias, cosmologias e místicas de religiões diferentes, entre as quais três se destacam: confucionismo, taoismo e budismo. Nossa tarefa neste livro é apresentar o taoismo, uma religião que, com seus conteúdos, configura-se como o caminho da sabedoria.

Falar sobre a religiosidade chinesa é uma aventura. Por que *aventura*? A China apresenta muita diversidade em campos variados, iniciando pelas peculiaridades de sua geografia, com a presença de desertos, montanhas, terras férteis nas bacias dos grandes rios e vasta costa. Nesse imenso país, encontra-se uma característica particular, que é sua pluralidade religiosa, na qual várias religiões coexistiram lado a lado preservando suas especificidades e, ao mesmo tempo, influenciando-se mutuamente. A religiosidade chinesa remete aos tempos antigos, mas era rudimentar – caracterizada pelo animismo, por práticas mágicas e por cultos aos espíritos. Posteriormente, esses pensamentos foram organizados e estruturados como doutrinas, resultando em duas correntes mais importantes, o confucionismo e o taoismo, até o advento da Revolução Chinesa de 1912.

Depois da revolução, as coisas começaram a mudar. A China se tornou uma república, configurando-se certa instabilidade tanto no campo político como no religioso, no qual a religião perdeu sua força desde que o comunismo começou a exercer o poder, principalmente com o líder Mao Tsé-Tung. A liberdade da expressão religiosa foi reprimida, os templos foram destruídos e, além disso, houve confisco das propriedades religiosas comunitárias, o que dificultou a pesquisa acerca do conteúdo específico de tais religiões. Todavia, as raízes das tradições milenares permanecem nos tempos atuais e a religiosidade popular ainda está viva na China, como podemos perceber ao acompanhar pela televisão as festividades anuais celebradas nas ruas, em especial as relativas ao ano chinês.

O objetivo deste livro é apresentar o conteúdo do taoismo aos leitores do Brasil numa forma compreensível, ao longo de seis capítulos. O primeiro deles é uma tentativa de aproximar o leitor do pensamento religioso chinês, descrevendo como a China antiga elaborou os pensamentos filosófico, cosmológico, místico e religioso. Na verdade, ao longo dos séculos, esses pensamentos deram origem à sabedoria milenar, produzindo algumas obras clássicas – como o *I-Ching*, que se tornou referência para todas as três tradições. O mundo antigo chinês, muito mais misterioso, levou à elaboração de uma complexa estrutura imperial, que mais tarde foi considerada como um reflexo da estrutura celestial[1].

O capítulo expõe o pensamento religioso da antiga China, ponto

---

1 Essa ideia se encontra também no pensamento filosófico grego elaborado por Platão, em que ele se refere a dois conceitos: mundo real e mundo das ideias. O mundo real é construído desde o mundo idealizado, que é visto como perfeito. A mesma ideia é descrita por Clifford Geertz, em sua obra *Negara* (1980), na qual ele analisa o contexto do Bali hinduísta utilizando-se de dois conceitos: o mundo vivido e o mundo imaginado.

de partida para o conteúdo das três tradições religiosas. Além disso, também aborda sucintamente o confucionismo e o budismo e suas relações com o taoismo.

O segundo capítulo apresenta o taoismo como um guia da sabedoria, que tem como princípio central o não agir. Numa forma sutil, enfoca a origem do taoismo, sua transformação e sua evolução no pensamento religioso, além de seus princípios éticos. Analisa também as diversas formas de taoismo praticadas na atualidade e suas influências na sociedade chinesa. O terceiro capítulo trilha o caminho ao redor da figura enigmática de Lao-Tzu[2], supostamente nascido por volta de 604 a.C., considerado o fundador do taoismo. Como afirmou Huston Smith (1991, p. 193), "nada sabemos com certeza sobre ele, e os estudiosos perguntam se tal homem teria realmente existido". Por vezes visto como uma figura mítica, tendo até a própria existência questionada, de qualquer forma, entendemos que Lao-Tzu, com seus múltiplos nomes, deu origem a essa filosofia complexa e, ao mesmo tempo, tão simples de ser praticada.

O quarto capítulo trata do *Tao Te Ching*[3], uma obra de 5 mil caracteres com 81 poemas que são a base da doutrina taoista. Aqui examinamos detalhadamente a construção do conteúdo religioso da tradição taoista. O *Tao Te Ching* mostra Deus como *Tao*, compreendido não como nas outras tradições religiosas, mas como uma divindade suprema que se encontra em perfeita harmonia e equilíbrio, portanto procurado pelos adeptos pela passividade vista como não ação. O capítulo também explica em detalhes as palavras *Te* e *Ching*, além de abordar outra obra de Chuang Tzu, a qual também segue o pensamento do Lao-Tzu.

---

2 Podemos encontrar formas diversas de escrever o nome de Lao-Tzu: Lao-Tse, Lao-Tsé, Laozi, Lao-Tan, Láucio, Lao Tzi, Lao Tseu, Lao Tze etc. Ao longo desta obra, adotaremos a forma Lao-Tzu.

3 Também escrito por vezes como *Tao te King*. Em algumas obras, *Tao* é grafado como *Dao*. Nesta obra, optamos pela forma *Tao Te Ching*.

O quinto capítulo apresenta a obra *I-Ching - O Livro das Mutações*, talvez umas das obras mais importantes para elucidar a dinâmica da religiosidade da antiga China. Esse livro contempla o rico conteúdo elaborado por milênios pelos mestres mais antigos, o qual, na época do Confúcio e Lao-Tzu, recebeu organização e compreensão adequadas. O *I-Ching* é central para o entendimento da cultura antiga chinesa, com base em trigramas e hexagramas que apontam para uma relação harmoniosa com natureza.

O sexto capítulo mostra a forma como a cultura chinesa é vista no Ocidente. Ela apresenta certa peculiaridade porque, por um lado, existem os produtos chineses vendidos nas lojas por preços mais baratos e, por outro, existem as práticas milenares, como a medicina tradicional e as artes marciais. Os jesuítas foram primeiros ocidentais a marcar presença em território chinês, com o propósito de divulgar a doutrina cristã e evangelizar a China. Posteriormente, outros ocidentais entraram na China para estudar a cultura chinesa – principalmente os conteúdos de medicina, meditação e artes marciais. Esses aspectos serão tratados neste último capítulo, que abordará também a presença taoista no Brasil.

Nesses seis capítulos, pretendemos fornecer uma visão geral do universo religioso chinês e, em particular, abordar o conteúdo específico do taoismo. Denominamos essa tradição de *caminho da natureza*, mas ela pode ser chamada também de *caminho de sabedoria*, pois apresenta uma familiaridade com os aspectos da natureza – e assim foi concebida pelos filósofos e místicos chineses, como uma forma de compreender a relação do ser humano com a natureza. O taoismo tornou-se um verdadeiro movimento religioso, assumindo muitos elementos das antigas religiões chinesas e, ao mesmo tempo, enfatizando as experiências individuais.

Convidamos o leitor a trilhar o caminho dessa tradição ao longo das páginas a seguir, para familiarizar-se com a cultura milenar da China antiga. Esperamos que o presente texto lhe permita conhecer o pensamento chinês e o taoismo.

Boa leitura.

COMO APROVEITAR AO MÁXIMO ESTE LIVRO

Empregamos nesta obra recursos que visam enriquecer seu aprendizado, facilitar a compreensão dos conteúdos e tornar a leitura mais dinâmica. Conheça a seguir cada uma dessas ferramentas e saiba como estão distribuídas no decorrer deste livro para bem aproveitá-las.

Introdução do capítulo
Logo na abertura do capítulo, informamos os temas de estudo e os objetivos de aprendizagem que serão nele abrangidos, fazendo considerações preliminares sobre as temáticas em foco.

Indicações culturais
Para ampliar seu repertório, indicamos conteúdos de diferentes naturezas que ensejam a reflexão sobre os assuntos estudados e contribuem para seu processo de aprendizagem.

Observamos, assim, que o pensamento religioso ch[inês teve]
forte influência na construção da sociedade chinesa, [desde os]
tempos de seu surgimento até a época da ascensão do co[munismo.]

SÍNTESE

Há 3 mil anos a China era um pequeno país situado na[s margens dos]
dois rios principais, Wei e Huang; posteriormente, foi [se expan]
dindo e anexando novos territórios. Nesse processo, a[gregou]
novas experiências religiosas e culturais, novas cosm[ovisões e]
filosofias. Assim, reelaborou conceitos no interior das [suas]
tradições, dando origem a três religiões: o taoismo, o "ca[minho da]
natureza"; o confucionismo, a religião da ética social; e o [budismo,]
o "caminho do meio", originário da Índia.

Destacamos que a China é a terra de três tradições que [surgiram]
em tempos antigos, com conteúdos distintos e comple[mentares,]
mas constituindo tradições independentes. Essas tra[dições se]
influenciaram, mas permaneceram distintas, de form[a que se]
diferenciam, mas não se contrapõem a ponto de se e[xcluírem.]

Síntese
Ao final de cada capítulo, relacionamos as principais informações nele abordadas a fim de que você avalie as conclusões a que chegou, confirmando-as ou redefinindo-as.

universo antigo da cultura chinesa para observá-la, c[ompreen]
dê-la e fazer uma leitura do contexto antigo de sua própr[ia cultura.]
É importante perceber as contribuições das culturas an[tigas para]
os tempos atuais, especificamente para as disciplinas que [estudam]
o conteúdo das religiões.

ATIVIDADES DE AUTOAVALIAÇÃO

1. Quais são as três religiões chinesas e qual é a expressã[o usada]
   em chinês para fazer referência a elas?
   A] Taoismo, hinduísmo e islamismo e a expressão é [...]
   B] Confucionismo, taoismo e budismo e a expressão é [...]
   C] Taoismo, hinduísmo e judaísmo e a expressão é [...]
   D] Xintoísmo, hinduísmo e islamismo e a expressã[o...]
   E] Confucionismo, budismo, islamismo e a expre[ssão]
      conosco.

Atividades de autoavaliação
Apresentamos estas questões objetivas para que você verifique o grau de assimilação dos conceitos examinados, motivando-se a progredir em seus estudos.

demos afirmar que ela:
A] deve ser desconsiderada.
B] está incorreta.
C] está correta.
D] é controversa.
E] deve ser modificada.

ATIVIDADES DE APRENDIZAGEM

Questões para reflexão

1. Antigamente, quando não havia a possibilidade d[e estudar]
   em razão da falta de escolas, os pais passavam a sabe[doria aos]
   filhos por meio dos provérbios. A China é conhecida p[elos seus]
   provérbios, os quais abrangem todas as facetas da vida[. Assim,]
   pedimos que organize um encontro com quatro pessoa[s de mais]
   idade e que possam contar alguns provérbios de sua [...]

Atividades de aprendizagem
Aqui apresentamos questões que aproximam conhecimentos teóricos e práticos a fim de que você analise criticamente determinado assunto.

Bibliografia comentada

Nesta seção, comentamos algumas obras de referência para o estudo dos temas examinados ao longo do livro.

INTRODUÇÃO

A China é popularmente conhecida como *San-Chiao*, ou a terra de três tradições religiosas, confucionismo, taoismo e budismo, as quais floresceram em tempos distintos – as duas primeiras entre os séculos VI e V a.C. e a terceira no século I d.C. Essas três tradições, cada qual com uma proposta específica, eram ao mesmo tempo complementares.

Como Adkinson (1996, p. 6, tradução nossa) afirma,

> O primeiro foi o confucionismo, um corpo austero e elitista da crença de apreço especial para as aulas de mandarim. O budismo foi o segundo, praticado em variedades diversas pelas inúmeras seitas. Em alguns casos, tornou-se pouco mais do que um sistema de magia popular. Neste aspecto, tendia a sobrepor-se com algumas das formas mais simples do taoismo, que é o terceiro grande sistema de crença e experiência. Ao contrário do outro, este não era um sistema conjunto com um Deus central, mas uma forma de orientação para o homem.

Existe uma íntima relação entre as três tradições e também divergências. Os aspectos de uma tradição podem estar contemplados no desenvolvimento do conteúdo da outra e, ao mesmo tempo, há aspectos antagônicos entre si.

Sabemos, de todo modo, que as três tradições se influenciaram e se deixaram ser influenciadas umas pelas outras. Essa relação é tão próxima que, por vezes, é difícil identificar o conteúdo específico, seja do taoismo, seja do budismo[1]. Nesse contexto, torna-se inviável tratar uma tradição sem mencionar a outra, ou relacionar as duas, ainda que seja numa forma mais superficial.

As primeiras duas tradições, o confucionismo e o taoismo, são nativas da China, nasceram no ambiente campesino e, portanto, carregavam o universo cosmológico construído com base na visão agrícola. Além disso, essas duas tradições têm como referência um dos livros clássicos – o *I-Ching* – como fonte para o desenvolvimento de seu conteúdo. O budismo, nascido na Índia e também no universo agrícola, mas influenciado fortemente pelo hinduísmo, foi levado à China, onde foi influenciado pelas duas religiões chinesas e, ao mesmo tempo, contribuiu imensamente com elas, principalmente o taoismo.

Já no século VI a.C., conforme o apontamento de Raveri (2005, p. 157),

> como consequência da afirmação do confucionismo como ideologia do império na China cria-se uma cisão destinada a permanecer no tempo: a classe culta que governava o Estado seguia a doutrina e a ética confuciana enquanto as comunidades locais se expressavam na religiosidade taoista, humilde, sempre um pouco à margem, mas forte que vivia nas organizações dos vilarejos, nas festas comunitárias, nos textos secretos de meditação, nas práticas do corpo.

Portanto, é bom sabermos que o taoismo nasceu como um movimento anticonfucionista, pelo fato de o pensamento de Confúcio dar ênfase a leis que devem ser seguidas tanto no âmbito

---

[1] Seria injusto fazer as comparações, mas no processo de estudo das religiões as comparações são inevitáveis. Por exemplo, nas tradições oriundas do ambiente do deserto, como o judaísmo, o cristianismo e o islamismo, é fácil observar os conteúdos específicos, ainda que existam influências mútuas.

da família como no âmbito da sociedade, enquanto o taoismo se desenvolveu com a visão do não agir. Portanto, a ênfase foi dada ao próprio indivíduo, com os aspectos da meditação e o mínimo possível de regras, leis e prescrições.

Conhecido como *caminho da sabedoria*, o taoismo, com extrema originalidade, desenvolveu-se como uma tradição iniciática, na escuridão da Antiguidade, o que dificulta conhecê-lo profundamente, mas aflorou nos séculos VI-V a.C. Existem duas escolas principais do pensamento a respeito da origem do taoismo. A primeira vê essa tradição como um desenvolvimento de animismo precoce e de práticas mágicas existentes na China. Para apoiar essa teoria, há uma lenda do Imperador Amarelo, que viveu cerca de 3000 anos a.C., o qual tinha fama de ter sido instruído em magia, misticismo e amor por suas três amantes. A segunda escola sustenta que, embora a doutrina do *Tao* existisse anteriormente, o taoismo clássico começou com Lao-Tzu por volta do século VI a.C. (Cooper, 2010).

Em razão de sua ênfase no indivíduo, o taoismo desenvolveu uma complexa visão da vida e do mundo que, por vezes, dificulta expor com clareza seu conteúdo religioso. Ele abrange um universo muito mais complexo, incorporando a cosmologia e a astrologia, além de apresentar uma familiaridade com os fenômenos da natureza.

Nessa tradição, encontramos os aspectos místicos, os aspectos mágicos, os aspectos filosóficos, sem falar dos aspectos religiosos. Escolhemos um caminho distinto, que é o de tentar apresentá-lo de uma forma compreensível e simples, para que os leitores tenham familiaridade com essa tradição, que é de uma terra muito distante em relação ao Brasil.

Sabemos que todas as tradições contemplam conteúdos espirituais, morais e éticos com abrangência universal e justamente percebemos que a fase formativa do taoismo foi caracterizada por fortes interesses místicos. Nesse período, seus adeptos tinham o objetivo da existência humana com vistas a alcançar a plenitude na vida em perfeita harmonia com o *Tao*. Nesse contexto, notamos que o taoismo é muito mais do que uma filosofia. Nas palavras de Bob Messing (1992, p. 20), o taoismo "é um antigo ensinamento místico cujo percurso pode ser retraçado ao longo de aproximadamente cinco mil anos. Ele enfatiza o desenvolvimento harmonioso dos elementos físicos, sociais e espirituais da vida humana", bem como a "autorrealização do ser por ser inteiro na existência cotidiana". O conteúdo taoista apresentado nesta obra também tem esse objetivo de ajudar as pessoas que buscam a harmonia e o equilíbrio com a imensa natureza.

Por outro lado, em uma sociedade que passa por rápidas transformações, o taoismo fornece pistas para desenvolver habilidades e percepções para administrar as mudanças. *Tao* significa "o caminho" que cada pessoa deve trilhar individualmente. Pela compreensão e aceitação do caminho e conforme a ordem universal, a pessoa se integra com sua época e seu ambiente. Ela passa a ser capaz de enxergar com maior clareza e lucidez os problemas cotidianos, tanto sociais como pessoais. Podemos perceber, assim, que os ensinamentos milenares do taoismo ajudaram o homem moderno para que ele tivesse uma boa percepção da realidade, para que não cultivasse preconceitos, soubesse quando agir e quando deixar de agir, bem como evitasse a subjetividade e a arbitrariedade como fundamentos de sua ação (Messing, 1992).

O taoismo oferece, dessa forma, uma sabedoria prática dedicada ao bem-estar pessoal, ao acordo social e à evolução acelerada da consciência individual, que é uma busca perene do ser humano. O objetivo do taoismo sempre foi – e é – ajudar os humanos a experimentar sua natureza essencial profundamente conectada ao cosmos. Nesse sentido, os conceitos do taoismo funcionam como um guia para o crescimento espiritual e a transformação social, podendo ser diretamente aplicados ao cotidiano. Portanto, os conteúdos dos seis capítulos desta obra foram elaborados não somente para transmitir conhecimento ao leitor, mas também para ajudá-lo a viver em tranquilidade.

1
UMA APROXIMAÇÃO AO PENSAMENTO RELIGIOSO CHINÊS

A China é chamada de *San-Chiao*, ou a terra de três religiões, que são: confucionismo, taoismo e budismo. As duas primeiras tiveram sua origem na China, e a última veio da Índia e se estabeleceu na região, tendo impacto muito forte sobre as duas primeiras, a ponto de modificar os conteúdos dessas tradições. Todavia, a cosmovisão chinesa anterior a essas três tradições era rudimentar e primitiva, caracterizada pela adoração aos espíritos e, particularmente, pelo culto aos antepassados.

Antes que essas três tradições se estabelecessem, com seus conteúdos bem elaborados, a religiosidade chinesa era carregada de magia e outros cultos ancestrais. Por volta do século VI a.C., essa religiosidade começou a ser organizada por dois pensadores, Confúcio e Lao-Tzu, ambos apresentando focos distintos. Mais tarde, a doutrina budista indiana foi levada à China, que conseguiu adaptá-la ao contexto chinês e incorporar novos caminhos. Com base nessas três correntes religiosas, todo o pensamento religioso e filosófico foi elaborado.

Neste capítulo, buscamos apresentar um resgate histórico da civilização chinesa e, de forma sucinta, o processo do desenvolvimento do pensamento religioso chinês desde essas três correntes religiosas. Para isso, descreveremos o universo religioso e cosmológico da antiga China e, em seguida, abordaremos as contribuições do confucionismo, do taoismo e do budismo que deram origem ao pensamento chinês, tanto no campo filosófico como no religioso.

1.1 Resgate histórico da civilização chinesa

A civilização chinesa é uma das mais antigas da humanidade. Apesar de existirem outras civilizações ainda mais antigas, como a suméria e a egípcia, as quais acabaram morrendo, as civilizações chinesa e indiana resistiram e ainda estão vivas, com novas roupagens. Essa dimensão se torna muito mais clara com a declaração do Dr. Li Chi, da Universidade Nacional de Taiwan, que afirmou: "Sentia-me extremamente feliz por ter nascido em um país cuja história já tinha 5.000 anos" (Li Chi, citado por Campbell, 2002, p. 291).

Para preservar essa civilização ainda na atualidade, a China precisou trilhar os caminhos rudimentares e dolorosos tanto no campo religioso como no social. É interessante notar que, ao longo desses séculos, aconteceram duas coisas simultaneamente: a evolução no pensamento filosófico-religioso e a passagem da sociedade feudal para a monarquia. No campo filosófico-religioso, houve a prática de magia e de rituais paralelamente à construção do pensamento filosófico na criação de uma cosmologia distinta, a qual foi posteriormente explorada pelas religiões, especificamente pelo taoismo. No campo social, a China experimentou a desintegração do feudalismo e o surgimento de estados monárquicos rivais, o que trouxe uma nova conjuntura para a sociedade.

Sobre essa experiência de política de poder, Campbell (2002) cita um trecho do clássico chinês O Livro do Senhor Shang (Shang Tzu)

'Se um país é forte e não guerreia', lemos, 'haverá vilania interna e os Seis Vermes, que são: ritos e música, poesia e história, cultivo da generosidade, piedade filial e respeito aos mais velhos, sinceridade e verdade, pureza e integridade, generosidade e moralidade, detração da guerra e vergonha de participar dela. Em um país que tem essas doze coisas, o governante não será capaz de fazer o povo plantar e lutar, e o resultado será seu empobrecimento e a redução de seu território'. (Campbell, 2002, p. 321)

Além disso, houve intensificação do trabalho agrícola, pois nessa época a ideologia foi construída com a principal motivação de que o país não conseguiria nenhuma felicidade sem antes se dedicar ao arado e à guerra. Foi somente na Idade dos Grandes Clássicos[1] que o pensamento chinês recebeu uma organização estrutural e religiosa.

O principal interesse do pensamento clássico chinês era a reforma política vinculada à reforma da sociedade e a reforma religiosa vinculada ao universo mítico e místico chinês. No processo do desenvolvimento da doutrina, Confúcio deu importância à reforma social e política, enquanto Lao-Tzu enfatizou o desenvolvimento do pensamento místico vinculado ao bem-estar em meio à natureza. O conteúdo que Confúcio formulou basicamente não se configura como uma filosofia abstrata, mas como uma arte de governar. Já as ideias que Lao-Tzu apresentou essencialmente se

---

[1] Com relação à origem da civilização chinesa, os sinólogos a dividem em oito períodos distintos, a saber: 1. Protoneolítico: 7500 a 5500 a.C.; 2. Neolítico Basal: 5500 a 4500 a.C.; 3. Neolítico Superior: 4500 a 3500 a.C.; 4. Cidade-Estado Hierática: 3500 a 2500 a.C.; 5. Alta Idade do Bronze: 2500 a 1500 a. C.; 6. Idade Heroica do Ferro: 1500 a 500 a.C.; 7. Período dos Grandes Clássicos: 500 a.C. a 500 d.C.; 8. Período das Grandes Crenças: 500 a 1500 d.C. (Campbell, 2002, p. 296).

constituem no estudo de como os seres humanos podem ser mais bem ajudados a viver juntos em harmonia e ordem.

Nesse contexto, percebemos que o período clássico da civilização chinesa teve sua origem com esses dois líderes religiosos.

1.2 Universo cosmológico da antiga China

O universo cosmológico da China foi desenvolvido com base na observação dos fenômenos da própria natureza desde os mais remotos. Os antigos chineses acreditavam que toda a criação se originou do ser primordial conhecido como Pan ku. Com a morte dele, o Universo foi criado: surgiram o trovão, o vento, o sol, a lua, os rios, as flores e a terra e, por fim, os seres humanos.

Nessa visão, descrevem-se dois universos: o de cima, dos espíritos, e o de baixo, dos seres humanos. Como a sobrevivência dos chineses antigos dependia mais da agricultura, foi preciso elaborar uma relação íntima com os elementos da natureza, considerando-os como vindos do céu. Portanto, os chineses antigos adoravam o sol, a lua e os rios porque eram dotados de espíritos, assim como a chuva, o vento, o trovão e mesmo o arco-íris. Com base nessa visão, construíram sua cosmologia.

Para os chineses antigos, o homem e o mundo se completam. Porém, isso era algo muito complexo, como afirma Campbell (2002, p. 321), ao explicar que

> era visto em dois aspectos: 1. O da ordem macrocósmica do tempo, isto é a natureza das estações, as exigências e possibilidades do momento, determinadas por presságios e augúrios, e 2. O da ordem microcósmica do homem: o reconhecimento e uso do

poder mais eficaz dentro da competência do indivíduo, para a harmonização da vida na terra.

O mundo cosmológico dos chineses antigos abrangia três planos: o mundo de baixo, o reino dos mortos; o mundo do meio, o lugar dos vivos; e o mundo de cima, o lugar dos ancestrais e dos deuses. Considerando-se esses três universos mutuamente dependentes, os mitos, as fábulas e os ritos foram elaborados ao longo dos séculos. Alguns destes ainda são praticados e outros foram modificados – entre outros, a dança dos leões e a veneração aos ancestrais ainda existem na atualidade.

Com relação à dança dos leões, afirma Hans Küng (2004, p. 96):

> circula entre o povo a fábula de que em tempos remotos, chegou à China um monstro (*nian*) que devorava homens e animais. Nem o tigre nem a raposa puderam ajudar. Só um leão conseguiu ferir e expulsar o monstro, que, no entanto, prometeu estar de volta dali a um ano. Mas então o leão já estava ocupado em guardar a entrada do palácio imperial.

Por causa disso, o leão foi introduzido como guardião do palácio imperial, não somente para enfrentar o monstro, mas também para combater outros tipos de espíritos maus. O povo fazia as imagens do leão de bambu e de outros materiais e as instalava na frente de suas residências para manter o monstro afastado. Desde então, a dança dos leões foi introduzida nessa cultura para continuar tirando todo o mal e trazer sorte a cada ano.

Outra crença dos chineses que se assemelha à dança dos leões é a dança dos dragões. Conforme essa crença, existiam os espíritos bons – os *shen* – e os maus – os *kwei*. Os bons, às vezes, deixavam de ser bons e não mandavam chuvas suficientes para uma boa colheita, pois permaneciam dormindo. Para acordar esses espíritos, o povo chinês fazia as danças dos dragões. Enquanto a dança dos leões pertencia à comunidade política da China, para proteger dos inimigos, a dança dos dragões pertencia à comunidade agrícola, para proteger de todo tipo de destruição.

A veneração aos ancestrais levava a perceber que tudo não acabava com a morte, mas, ao contrário, que a morte se tornava uma passagem para outro mundo. As relações entre esse mundo e o outro continuam a existir. Conforme Küng (2004, p. 98), "para os chineses, o conceito de família se estende, em essência, aos antepassados e ao tempo anterior. A piedade (*xiao*) filial visa à reciprocidade e vigora para além da morte. Assim, desde os tempos antiquíssimos, a veneração dos mortos ocupa o centro da piedade chinesa".

No outro mundo havia diversos deuses, mas o deus principal era T'ien, e nesse local também se encontravam os antepassados, os pais, os heróis e os imperadores. É difícil afirmar em que época a China iniciou sua caminhada política imperial em que o imperador se torna uma figura muito importante. Como explicam Hellern, Notaker e Gaarder (2000, p. 76),

> A veneração aos ancestrais levava a perceber que tudo não acabava com a morte, mas, ao contrário, que a morte se tornava uma passagem para outro mundo.

> o imperador era considerado o representante do país diante do supremo deus Céu. Ao mesmo tempo, era também o filho do Céu e na Terra. O próprio imperador realizava o sacrifício ao Céu no Tempo do Céu, situado na capital, Pequim. Fazia ainda sacrifícios às montanhas e aos rios sagrados da China.

Por que o imperador era tão importante? De acordo com a visão mítica chinesa,

> havia uma influência interagindo entre o céu, a terra e o homem: e na esfera do homem a fonte central de influência e poder era o imperador que, dentro do espírito de subordinação mítica, deveria considerar-se filho do céu. Imperadores, entretanto, podiam perder seus mandatos e, assim, a questão social última era a da

virtude que sustenta o mandato celestial do imperador. (Campbell, 2002, p. 321)

A relação entre o mundo de cima e o mundo de baixo não é uma novidade apresentada pelos chineses, pois está presente em quase todas as tradições religiosas na fase primitiva de seu desenvolvimento. Conforme a necessidade, os seres humanos aplacavam as divindades com os sacrifícios, seja para obter a chuva, seja para conseguir outros benefícios. O antropólogo francês Marcel Mauss apresenta essa relação de uma forma clara nestes três ensaios: *Sobre o sacrifício* (1899), *Sobre a dádiva* (1925) e *Sobre a prece* (1935)[2]. Nessa perspectiva, podemos entender que as entidades do mundo superior exigiam o comportamento adequado dos seres que se encontravam no mundo de baixo, além de fazerem outras prescrições. Dessa forma, observamos que a religiosidade primitiva chinesa era rudimentar, com seus conteúdos mais simples tirados inspirados na visão agrícola.

1.3 Universo religioso da antiga China

Toda a religiosidade chinesa girava ao redor do pensamento de promover a ordem no mundo. Era necessário pôr ordem nas relações entre os seres humanos e entre as diversas categorias sociais.

A validade das antigas cerimônias religiosas e de rituais como sacrifícios aos antepassados, celebrações fúnebres ou grandes festas comunitárias dependia da legitimidade de seus oficiantes. Além disso, a noção chinesa da realeza se encontrava enraizada na crença de que os ancestrais reais se tornavam divindades e deveriam ser cultuados. O trabalho dos governantes aqui na Terra era manter a regularidade nas estações, boa colheita e ordem na sociedade, o que significava a aprovação celestial das divindades.

---

2   Para saber mais, consulte: <http://classiques.uqac.ca/classiques/mauss_marcel/mauss_marcel.html>. Acesso em: 20 mar. 2020.

Assim, percebemos que o fundamento último da China da época de Confúcio era uma profunda confiança no poder da divindade do céu, o T'ien, que os cultos mais antigos consideravam como uma força personalizada. Em algumas dinastias antigas, como Chou ou Shang, o céu era adorado como o poder do superior que dirigia o mundo – o Shang-ti, o "senhor do alto", que era presumido como o ancestral supremo. A sede central do poder no mundo era a casa real (Küng, 2004).

Uma vez estudado esse complexo universo religioso dos chineses, Confúcio tentou estabelecer uma ponte entre o antigo e o novo, pregando que o dever e a felicidade do homem dependiam da aceitação da vontade divina, a qual seria um princípio espiritual e supremo que regulava o encadeamento dos fatos e dos relacionamentos humanos. Quando as pessoas vivem de acordo com a vontade divina, a sociedade torna-se estável e as pessoas são prósperas e felizes. Contudo, quando seguem os próprios desejos egoístas, não atendendo à vontade divina, ocorrem conflitos e desastres naturais que tornam o Universo caótico.

1.4 Desenvolvimento do pensamento religioso chinês

O pensamento religioso chinês andou por caminhos sensivelmente diferentes. Todavia, essa trajetória pode ser identificada com base em três caminhos distintos: o confucionismo, o taoismo e o budismo. Os dois primeiros são provenientes da China, e o último é o pensamento indiano adaptado à China. É interessante notar que nem Confúcio nem Lao-Tzu abandonaram o caminho humanístico, pois Confúcio teve sua orientação mais focada no sentido da ética social, enquanto os ensinamentos de Lao-Tzu são mais intuitivos; o caminho budista era o do meio, estabelecendo uma relação íntima entre os dois.

Existem evidências de que o budismo entrou na China por volta do século I d.C., quando a cultura chinesa já tinha 2 mil anos de existência e o pensamento filosófico havia alcançado seu cume, principalmente no Império Chou, considerado como a idade de ouro da filosofia chinesa (aproximadamente entre 500 a 220 a.C.). Durante o século VI a.C., o mais importante século do Período Axial[3], as grandes civilizações e culturas, como a indiana, a grega, a israelita, assim como a chinesa, demonstraram simultaneamente um desenvolvimento da consciência universal, apresentando os valores universais em benefício da sociedade.

Na China, por exemplo, surgiu a Idade dos Clássicos, dando origem dois rumos distintos e complementares ao pensamento filosófico e religioso. De um lado, havia Confúcio, que forneceu a visão clara para a vida social, na arte de governar; de outro, havia Lao-Tzu, que focou a vida intuitiva, dando importância à sabedoria do indivíduo. Os dois líderes eram cientes do alto grau do desenvolvimento da consciência e da praticidade do povo chinês. Confúcio contava com escolas filosóficas voltadas, de uma forma ou de outra, para a vida em sociedade, com suas relações humanas, valores morais e governo. Lao-Tzu, por sua vez, concentrou-se no lado místico do caráter chinês, aspecto que exigia que o objetivo mais elevado da filosofia deveria ser o de transcender o mundo da sociedade e da vida cotidiana e alcançar um plano mais elevado de consciência (Sahayam, 2010).

---

3   Karl Jaspers o filosofo alemão identificou o chamado *Período Axial*, situado entre 800 e 200 a.C., como a época em que se produziram as grandes ideologias e o conteúdo religioso numa forma simultânea. Por exemplo, os gregos, com sua filosofia, utilizaram-se da racionalidade para elaborar uma vida social adequada; os profetas, em Israel, apresentaram a purificação da sociedade levantando as questões sociais; na Índia, Buda e os *Upanishads* forneceram novo foco para a vida religiosa; na China, Confúcio aprimorou a dimensão da ética, e Lao-Tzu aprofundou a dimensão da mística.

O século VI a.C. foi o auge do desenvolvimento e da aplicação dessas duas correntes, confucionismo e taoismo, no contexto prático da sociedade. Nessas duas escolas se identificam focos específicos: o pensamento social foi desenvolvido pela escola confucionista, enquanto a escola taoista aprofundou o pensamento místico. A terceira corrente, o budismo, que inicialmente foi confundido com o taoismo em virtude da natureza de seus ensinamentos, mais tarde conseguiu preservar suas especificidades.

Podemos resumir todo o pensamento chinês em cinco proposições, conforme indicado por Yu-ming Shaw (1979, p. 17):

> Primeiro, homens e céu são reais tanto no âmbito fenomenal quanto no âmbito numeral. Segundo, a relação essencial entre homens e céu é a unidade ou não dualidade. Assim, os muito termos chineses como *li, ming* (normas) *tao, teh* (força) e *yang-yin* "aplicam-se igualmente ao Céu e ao homem"; e outros termos como *ti* (Deus), *ch'i, t'ai-chi* e *wu-chi* (não-polaridade) "referem-se primeiramente ao Céu mas são manifestos e funcionam também no homem". Terceiro, no pensamento chinês o tema da mútua reciprocidade "é na maioria dos casos entre desiguais, as relações que unem homem e natureza não simétricas". Quatro, embora a perspectiva chinesa seja humanista, coloca o homem contra um "pano de fundo numenal". E quinto, embora no pensamento chinês antigo o numinoso fosse um numinoso personificado, tornou-se mais tarde empanado e os letrados chineses procuraram alcançá-lo através da alusão e dos sentidos.

Esses cinco aspectos possibilitam compreender a dimensão mais profunda do pensamento chinês, o qual foi apropriado pelas três tradições em épocas diferentes e imprimiu em cada uma um foco específico sem que se perdesse a unidade entre elas. Analisaremos cada uma dessas tradições a seguir.

1.5 Confucionismo e seu desenvolvimento

O confucionismo é considerado como uma ideia política que aplicou no sistema social os elementos religiosos milenares existentes. Tradicionalmente chamada de *Ju Dii*, essa doutrina dos sábios, ou culto dos filósofos, fundada por Confúcio segue a ética e os ritos de passagem e, ao mesmo tempo, busca criar e praticar a ordem e a harmonia na sociedade. Em virtude de seu foco na conduta humana, o confucionismo por vezes é mais conhecido como uma atitude filosófica do que propriamente como uma religião.

> O confucionismo é uma filosofia de vida pura e simples, cheia de qualidades e virtudes religiosas e espirituais, de maneira que podemos afirmar que é uma "religião não religiosa", voltada à ética e à conduta humana, pois direciona seu foco mais para o objetivo de pôr ordem na sociedade por meio de boas atividades. A filosofia de Confúcio busca uma organização nacionalista da sociedade, baseada nos princípios da simpatia universal que devia obter por meio da educação. Estende-se do indivíduo à família e desta para o Estado, que é visto como uma grande família. A ética do confucionismo se tornou um ponto referencial na China e no Japão ao longo dos séculos. A doutrina é um sistema moral prático e praticável, não tem qualquer sinal de metafísica ou de sobrenatural e, portanto, pode ser compreendida por todos. Confúcio era venerado como santo e hoje, entre os jovens, é tido como patrono da extinta monarquia e indigno de figurar entre os apóstolos da revolução comunista (Sahayam, 2010).

Podemos entender, então, que a corrente social do pensamento do confucionismo nada mais é que uma filosofia da organização social, do senso comum e do conhecimento prático, a qual fornecia à sociedade chinesa um sistema de educação e as convenções estritas do comportamento social. Seu principal objetivo era estabelecer uma base ética para o sistema familiar tradicional, com sua estrutura complexa e seus rituais de adoração aos ancestrais.

Confúcio, primeiramente, tomou o conhecimento desse universo chinês para elaborar sua doutrina. Notou também que a ênfase exagerada ao culto aos antepassados seria um bloqueio para o progresso da sociedade. Portanto, Confúcio direcionou toda a sua doutrina para a ética e a conduta humana e, simultaneamente, incorporou os aspectos religiosos necessários.

Para nos aprofundarmos em tais procedimentos, precisamos conhecer a vida de Confúcio, descrita a seguir.

1.5.1 A vida de Confúcio

Kung Fu Tseu, ou Confúcio, nasceu em 551 a.C. na aldeia de Tsu, no Estado de Lu. Existem divergências sobre sua ascendência: alguns dizem que ele pertencia a uma família aristocrata, enquanto outros afirmam que era oriundo simplesmente de uma família de plebeus. Seu pai, Chuliang Ho, era um homem de grande estatura física e teve nove filhas com sua primeira esposa. De uma união extramatrimonial com Yen Chentsai nasceu um filho a quem deram o nome Kung Chung Ni, o qual, mais tarde, veio a ser conhecido como Confúcio.

O pai morreu quando Confúcio tinha somente 3 anos e sua mãe faleceu quando ele tinha 10 anos de idade. Não se sabe quem acolheu o órfão, talvez uma tia, talvez um professor. Ele frequentou, desde os 7 anos, uma instituição chamada de *Pequena Escola*, que influenciou muito sua vida. Ainda pequeno, em razão da circunstância de morar perto do palácio do soberano, Confúcio gostava de brincar de cerimônias, audiências e oferendas reais. Na escola, o professor era severo e rígido, mas ensinava as boas maneiras. Aprendeu a manter a sala limpa, a responder com rapidez e submissão, a receber com cortesia e a se despedir com deferência.

Com relação a seu interesse pelos estudos, Múcio Porphyrio Ferreira (2001, p. 13), analisando os *Analectos* de Confúcio, afirmou:

> Diante do amor que demonstrava pelos estudos e a seriedade com que a eles se dedicava, o professor perguntou-lhe, certo dia, por que trabalhava tanto. O pequeno respondeu-lhe: "Assusta-me a última parte da vida. Aquele que chega aos quarenta ou aos cinquenta anos sem nada ter aprendido não se encontra em aterradora situação? Eu sei que, para estudar, o futuro não vale tanto quanto o presente. E acrescentou: "Quem não se preocupa com os perigos remotos seguramente não evitará que a desgraça se aproxime".

Confúcio casou-se aos 19 anos e já foi nomeado como administrador dos celeiros; destacou-se logo, de tal maneira que foi promovido a superintendente dos campos. Porém, sua inclinação era para a filosofia, a poesia e a música e queria dedicar-se completamente a isso. Sustentar sua família, que aumentava, era uma grande preocupação, mas ele não tinha tempo para se dedicar aos estudos. Apesar disso, sua reputação como sábio vinha se afirmando, e chamavam-no de filósofo. O pai dele era um político da dinastia e, portanto, obviamente Confúcio herdou algumas qualidades de seu pai, pois aprendeu a governar. Também se dedicou de maneira especial ao estudo e à docência.

Aos 34 anos de idade, Confúcio já havia tido em torno de 3 mil alunos. Conforme sua fama foi adquirindo espaço na política, aos 50 anos foi nomeado magistrado, o chefe da cidade de Chung-Tu. Finalmente, chegou a ser ministro da Justiça (crime). Nesse período, ele fez um estudo sobre a situação dos presos, no qual percebeu que todos eles eram gente pobre e ignorante. Era então necessário vencer a ignorância pela educação e a pobreza por meio do ensino das ocupações e das profissões úteis, ou, como ele mesmo dizia, ensinar a pescar, e não dar o peixe.

A semente da conduta moral e ética surgiu nessa experiência que levou Confúcio a direcionar seus ensinamentos e a se concentrar mais na educação. Ele afirmava que a educação se faz, em primeiro lugar, pelo bom exemplo. Se os governantes são bons, também o povo será bom, e a primeira regra para ser bom é "não faças aos outros aquilo que não quererias que fizessem a ti". Com investimento na educação, as prisões esvaziaram e os advogados, os juízes e os policiais ficaram desempregados. Por esse desempenho, Confúcio foi promovido a conselheiro e assessor de um conde na província de Ting, que era mais rica da China (Kramers, 1999).

Há uma história segundo a qual, durante esse período, os governantes das outras províncias ficaram com inveja do conde. Eles tiveram o conhecimento das fraquezas desse nobre em relação às dançarinas e de sua obsessão pelos cavalos de corrida; o conde, assim, perdeu-se na folia e não tinha tempo para escutar Confúcio. Em consequência disso, a província ficou mais pobre e as prisões voltaram a ficar cheias. Por fim, Confúcio abandonou a província de Ting e peregrinou por 15 anos, em silêncio, à procura de um governante que quisesse ouvi-lo. Sem ter sucesso, regressou à sua terra, onde escreveu a história de Lu, sua província natal, e reuniu poesias chinesas.

Confúcio morreu aos 72 anos, em 479 a.C., e sua morte foi lamentada por todo o Império. Posteriormente, seus ensinamentos foram aperfeiçoados por Mêncio (372-289 a.C.) e ficaram conhecidos como a base da ética e do comportamento chinês. Outro educador chinês, Tsé Tsé, também recolheu seus escritos e ensinou a doutrina de Confúcio.

Podemos entender que Confúcio não fundou religião alguma, mas elaborou um profundo conhecimento sobre a conduta humana.

Portanto, ele apenas externou importantes conceitos de moral e de sabedoria, que até hoje constituem verdadeiros ensinamentos.

1.5.2 Pensamento social e ético de Confúcio

Quando se fala no pensamento social e ético de Confúcio, é bom lembrar que ele não fundou religião alguma, mas simplesmente reformulou e aperfeiçoou as ideias religiosas e cosmológicas existentes e elaborou conceitos morais e sociais. Confúcio declarava ser somente um repetidor da antiga via ensinada pelos sábios antecessores e sustentava que era necessário voltar às origens da sociedade dos sábios. Assim, encontramos em seus ensinamentos uma mistura de virtudes religiosas e aspectos éticos e sociais da conduta humana, os quais compreendem filosofia, religião, moral, educação e orientação familiar.

Podemos dividir o campo doutrinal de Confúcio em duas dimensões, a da **ética e moral** e a da **doutrina religiosa**. Isso é aplicado em três âmbitos: familiar, social e do Estado. A reverência aos ancestrais como expressão de piedade filial era fundamental para uma boa ordem. Essa foi a base para o desenvolvimento de uma sociedade ordenada e harmoniosa. Para Confúcio, um bom governo e uma boa sociedade organizada começavam na vida familiar.

> Confúcio declarava ser somente um repetidor da antiga via ensinada pelos sábios antecessores e sustentava que era necessário voltar às origens da sociedade dos sábios.

No âmbito familiar, Confúcio frisou a regra básica da moral, que era: "o que não queres que façam a ti, não faças aos outros" (Bowker, 1997, p. 90). Para uma boa conduta humana, ele considerou o céu como uma fonte principal, mas também ensinava que raramente o céu se comunicava diretamente com os seres humanos e, portanto, eles deveriam se apoiar em seu passado ou na tradição familiar para adquirir bom comportamento. Confúcio acreditava que, no mundo, nada há tão grande como o homem e no homem nada há tão grande como a piedade filial.

O complexo familiar, como afirma Bowker (1997), é fundamental para o ideal confucionista. "Crescendo em um meio virtuoso, mostrando respeito apropriado aos pais, à família e aos ancestrais, o indivíduo é educado para ser um cidadão honrado, preservando a harmonia do Estado e por associação do cosmos" (Bowker, 1997, p. 91). A harmonia e a ordem na família são o ideal confucionista, em que os filhos servem os pais. Um dos elementos mais fortes na China imperial era o respeito e a obediência aos pais. A rigidez doutrinal confucionista em relação à obediência aos pais pode ser atestada ao se afirmar que o jovem, de pele sensível, que dorme sem mosquiteiro atrai para si todos os mosquitos de casa e, desse modo, assegura aos seus pais o sono tranquilo.

Os deveres dos filhos para com os pais seriam o exercício da piedade filial. Ou seja, o filho deve aos pais respeito, obediência e deferência, deve mantê-los felizes, sustentá-los na velhice e, principalmente, demonstrar grande pena por ocasião da morte deles, além de, depois de mortos, oferecer-lhes sacrifícios com a maior solenidade.

No âmbito da sociedade, Confúcio aplicou a ética da vida familiar à vida social, definindo as virtudes que moldaram o caráter chinês. Ele não foi o único autor desse sistema, mas é a figura central que codificou o sistema nos níveis político, moral e social.

Os homens não podem viver de outro modo que não seja em sociedade. Se estiverem agrupados em sociedade e cada um não receber seu quinhão na partilha dos bens e dos encargos, dos direitos e dos deveres, haverá luta entre eles. A disputa gera a desordem, e esta a miséria. Assim, como consequência da carência da repartição dos bens e dos encargos, dos direitos e dos deveres, constitui-se a disputa, que, em verdade, é a grande infelicidade da humanidade. Em compensação, a justa partilha dos direitos e dos deveres é o bem fundamental para toda a sociedade. Mais tarde, um dos discípulos de Confúcio, chamado Mang, espalhou a sabedoria de seu mentor entre os governantes.

Apesar de manter o foco mais forte na ética social e na conduta humana, a doutrina de Confúcio também abrange os aspectos religiosos e espirituais. A parte espiritual da ética se manifesta quando ele mesmo afirma que não se deve pagar o mal com o bem. Com que se pagaria, então, o bem? Pague o bem com o bem e faça justiça em relação ao mal. Sua compreensão do amor é mais abrangente, pois afirma que encontramos o amor quando temos mais apreço pelo esforço do que pela recompensa. O amor está na alegria de fazer qualquer coisa não pela recompensa, mas pela alegria em si. Trata-se de fazer o bem não pela recompensa, mas porque é bom fazer o bem. Quando o sujeito vive o amor nessa forma, vive em profunda paz. Portanto, desejar o justo, seguir o bem, repousar no amor e agir com arte, conforme Confúcio, são os caminhos que conduzem à vida do bem (Bowker, 1997).

No âmbito do Estado, seus ensinamentos eram direcionados aos funcionários públicos, que deveriam ser leais ao soberano, que se comprometia, por sua vez, com as tarefas de administrar o Estado e governar o mundo – não por uma rigorosa aplicação das leis, mas pelo exercício das virtudes. Seus ensinamentos dão ênfase a cinco qualidades e cinco virtudes que devem ser cultivadas por todos para criar ordem no mundo. As qualidades são: respeito, amor à família, reciprocidade entre os amigos, compaixão para com os estranhos e lealdade ao Estado. As virtudes são: benevolência – trabalhar bem em benefício do povo; retidão – mostrar a compaixão para com os outros; decência – comportar-se bem, principalmente em público; sabedoria – seguir os mestres ou professores para adquirir conhecimento e compreensão; e sinceridade – ser honesto em seus deveres (Küng, 2004).

Apesar dos aspectos religiosos dessa doutrina, no confucionismo não existe o sacerdócio. Identifica-se a veneração por meio dos cultos aos antepassados e fala-se muito pouco sobre a crença na vida após a morte, a existência de Deus. Confúcio mesmo dizia que sua vida era sua prece. O que importa saber a forma como o mundo opera? O Estado deve garantir essa operação de uma forma harmônica, pois a finalidade do Estado é assegurar a paz.

1.6 Pensamento místico do taoismo

O pensamento do taoismo foi elaborado por Lao-Tzu, contemporâneo de Confúcio, e apresenta o campo mais intuitivo desenvolvido com base na experiência. Porém, essa experiência deve ser vivida desde a luz interior, ou melhor, desde a experiência mística.

Percebemos, nesse contexto, que o pensamento taoista se desenvolveu contrapondo e complementando as ideias de Confúcio. De todo modo, o caminho taoista era considerado como o plano do sábio, que seria o ideal, o caminho que deveria ser trilhado para alcançar a unidade mística com o Universo. Como afirma Fritjof Capra (1990, p. 83)

> o sábio chinês, contudo, não habita exclusivamente nesse elevado plano espiritual; preocupa-se igualmente com as questões do mundo. Unifica em si mesmo os dois lados complementares da natureza humana – a sabedoria intuitiva e o conhecimento prático, a contemplação e a ação social – que os chineses associaram às imagens do sábio e do rei. Seres humanos plenamente realizados, nas palavras do Chuang Tsé, "tornam-se sábios por sua tranquilidade, reais por seus movimentos".

Não pretendemos abordar neste capítulo minúcias sobre a vida de Lao-Tzu, o "Velho Mestre", codificador desse pensamento, pois abordaremos detalhadamente a vida dele no próximo capítulo. O que importa neste ponto é compreender a construção do pensamento místico que Lao-Tzu desenvolveu na China e que se tornou algo de referência nos tempos atuais. O pensamento místico do taoismo foi apresentado por Lao-Tzu em sua pequena obra de aforismos, o *Tao Te Ching*.

> No pensamento taoista o mundo é visto como um campo inseparavelmente inter-relacionado, um impulso do qual nenhuma parte pode ser isolada do resto ou avaliada acima ou abaixo do conjunto. Foi nesse sentido que Hui-neng, o Sexto Patriarca, afirmou que "fundamentalmente nenhuma coisa existe", pois perceberá que as coisas são termos e não entidades. Elas existem no mundo abstrato do pensamento, mas não existem no mundo concreto de natureza. (Watts, 1958, p. 85)

Nessa perspectiva, entendemos que o taoismo apresenta uma visão universal de vida adquirida pelo caminho da natureza, no qual o bem e o mal, o criativo e o destrutivo, a sabedoria e a ignorância são polaridades inseparáveis da existência. É um jogo dinâmico e constante, sem domínio de qualquer um dos lados. A sabedoria não consiste em tentar arrancar o bem do mal, mas em aprender a acomodar as coisas como uma boia se acomoda às ondas que agitam o mar.

Como explica Alan Watts (1958, p. 78),

> nas raízes da vida chinesa existe uma confiança no bem e no mal de nossa própria natureza que é peculiarmente estranha aos que, como nós, se criaram à sombra de uma consciência cronicamente inquietante da cultura judeu-cristã. E, para o chinês, foi sempre óbvio que o homem que não confia em si mesmo não pode confiar

nem na sua desconfiança e, por isso, dever viver na maior confusão e desespero.

Foi assim que, nesse universo tanto cosmológico como puramente individual, o pensamento taoista se desenvolveu na China.

1.7 Pensamento budista do caminho do meio na China

Originário da Índia, o budismo nasceu como protesto contra complexos rituais estabelecidos pelo hinduísmo, com uma nova proposta puramente individualista e racional da iluminação. Ele surge da experiência do príncipe Sidarta Gautama, conhecido como o Buda Shakyamuni. A doutrina não apresenta as divindades; portanto, não existe espaço para esses rituais, e a única coisa exigida é que se esteja ciente de tudo o que acontece ao redor de si e dentro de si.

Como afirma Watts (1958, p. 79), ao apresentar as palavras de T'ang Lin-chi, o grande mestre japonês do zen-budismo, "No Budismo não há lugar para esforço. Seja comum, sem nada de especial. Com a sua comida, libere os seus intestinos, verta a sua água e quando estiver cansado, deite-se. O ignorante pode rir de mim, mas o sábio me compreenderá".

A essência e a base dos ensinamentos budistas são as Quatro Nobres Verdades. A primeira é a verdade do sofrimento, visto como eterno fluir das coisas; a segunda se refere à origem do sofrimento, que o desejo é analisado como causa dele; a terceira consiste na cessação do sofrimento mediante a supressão do desejo; por fim, a quarta verdade corresponde ao caminho que se deve tomar para chegar à iluminação. Como aponta Lama Padma Samten (2010, p. 8), "a quarta Nobre Verdade ensina o caminho para a liberação, o Nobre Caminho de Oito Passos, que começa com a motivação correta e prossegue com a redução do impacto do sofrimento sobre os seres". O que mais importa aqui é adquirir a percepção adequada da realidade e compreender com clareza a natureza ilimitada de todos os fenômenos, internos e externos.

É justamente essa forma da tradição budista de lidar com a vida que atraiu a população chinesa, pois são identificadas certas semelhanças com as doutrinas antigas. A entrada do budismo na China, como já apontamos, aconteceu por volta do século I d.C. e encontrou uma cultura que já tinha uma bagagem filosófica de 2 mil anos. O budismo indiano, com sua doutrina de impermanência, apresentava uma visão idêntica à dos chineses; contudo, ele se utilizou dessa visão simplesmente como a premissa básica da situação humana, fundamentando-se nisso para elaborar suas consequências, tanto sociais como psicológicas. A confusão entre o taoismo e o budismo aconteceu porque foram usados termos taoistas para traduzir os ensinamentos de Buda em chinês e também porque as duas tradições apresentavam aspectos muito semelhantes, como a renúncia ao mundo e a dimensão mística do Universo.

Surgiram diversas escolas budistas na China, entre as quais duas são mais importantes: a escola Terra Pura e a escola Chan. A Terra Pura contemplava uma dimensão cultural em que o Buda era visto como salvador e se acreditava que o ser humano chegava ao paraíso por meio da invocação e de práticas de devoção. Essa escola era uma religião devocional, com uma ampla organização do rito e do culto religioso. A escola Chan focava mais a meditação – não uma meditação passiva, mas a união entre a quietude da meditação e o movimento.

1.7.1 Semelhanças e diferenças

Alguns estudiosos são da opinião de que é necessário ter cautela quando se acompanha a costumeira divisão das três religiões chinesas: confucionismo, taoismo e budismo. Apesar de ser chamada *San-Chiao*, essa divisão é reconhecidamente insuficiente e não corresponde à realidade em sua totalidade.

Existem, portanto, opiniões diferentes, como aponta Richard Wilhelm (2006, p. 21):

> Se quisermos ter uma visão da verdadeira situação religiosa, precisaremos, antes de tudo, eliminar o budismo que não se originou na China, e classificá-lo ao lado do islamismo e do cristianismo, entre as religiões estrangeiras, mesmo que, dentre estas, ele tenha exercido a maior influência sobre a vida religiosa chinesa.

No entanto, a China antiga não pode ser pensada sem levarmos em conta as contribuições distintas da tradição budista que possibilitaram o sincretismo doutrinal das religiões chinesas, especificamente o taoismo e o budismo.

Percebemos, assim, que o confucionismo e o taoismo representam polos opostos na filosofia chinesa, mas sempre foram vistos como aspectos opostos de uma única natureza humana – portanto, são considerados complementares. Como professor, Confúcio usou sua enorme influência:

> sua função básica [era] a transmissão da antiga herança cultural a seus discípulos. Assim fazendo ultrapassou, contudo, os limites de uma simples transmissão de conhecimentos, pois interpretou as ideias tradicionais em consonância com seus próprios conceitos morais. Seus ensinamentos foram baseados nos chamados Seis Clássicos, antigos livros de pensamento filosófico, rituais, poesia, música e história, que representavam a herança espiritual e cultural dos "sábios santos" do passado chinês. (Capra, 1990, p. 84)

Lao-Tzu, com seu estilo intuitivo, tinha outra forma de lidar com a vida. Ele aproveitou o modo específico do chinês de pensar o mundo, pois se dizia que a mente chinesa não era dada ao pensamento lógico e abstrato, mas aos símbolos e imagens dinâmicas. E no jogo dinâmico das imagens se desenvolveu o pensamento taoista. É importante considerar também a observação de Hellern, Notaker e Gaarder (2000, p. 81):

> Enquanto Confúcio desejava educar o homem por meio do conhecimento, Lao-Tse preferia que as pessoas permanecessem ingênuas e simples, como crianças. Enquanto Confúcio ansiava por regras e sistema fixos na política, Lao-Tse acreditava que o homem deveria interferir o mínimo possível no desdobramento natural dos fatos. Confúcio queria uma administração bem-ordenada, mas Lao-Tse acreditava que qualquer administração é má.

Em linhas gerais, podemos afirmar que Confúcio e os taoistas estavam de acordo quanto à ideia de assentar o poder modelar do mundo no próprio homem. Podemos identificar suas divergências, entretanto, quanto à maneira como ele poderia ser despertado e à profundidade com que isso poderia ser feito.

> O taoista prezava a meditação introvertida como o método 'sentado com a mente em branco' [...]. Confúcio, por outro lado, ensinara o caminho extrovertido de atenção sincera e respeitosa às artes da música, poesia, tradição ritual e decoro como os estimuladores daquele sentimento de bondade, suavidade e generosidade (jen) adquirido através da relação do homem com os homens, e dotado de graça. (Campbell, 2002, p. 334-335)

O budismo trouxe uma novidade a essas duas correntes, um novo estilo, que é o caminho do meio; podemos dizer que juntou o aspecto místico do taoismo ao ativismo social do confucionismo.

Os chineses sempre manifestaram sua admiração incondicional pelo homem que se apresenta e se aceita tal como é. "Para Confúcio, parecia-lhe muito melhor ter um coração humano do que ser uma pessoa de retidão inatacável, e para os grandes taoistas, Lao-Tzu e Chuang Tzu, era óbvio que ninguém conseguiria estar certo sem também estar errado, pois as duas coisas são inseparáveis, como a frente e as costas" (Watts, 1958, p. 78).

Observamos, assim, que o pensamento religioso chinês teve forte influência na construção da sociedade chinesa, desde os tempos de seu surgimento até a época da ascensão do comunismo.

Síntese

Há 3 mil anos a China era um pequeno país situado na bacia de dois rios principais, Wei e Huang; posteriormente, foi se expandindo e anexando novos territórios. Nesse processo, assimilou novas experiências religiosas e culturais, novas cosmologias e filosofias. Assim, reelaborou conceitos no interior das próprias tradições, dando origem a três religiões: o taoismo, o "caminho da natureza"; o confucionismo, a religião da ética social; e o budismo, o "caminho do meio", originário da Índia.

Destacamos que a China é a terra de três tradições que surgiram em tempos antigos, com conteúdos distintos e complementares, mas constituindo tradições independentes. Essas tradições se influenciaram, mas permaneceram distintas, de forma que se diferenciam, mas não se contrapõem a ponto de se excluírem reciprocamente. Existe um paradoxo no desenvolvimento e na compreensão do pensamento chinês, sendo que os chineses eram profundamente convictos de que as três religiões podem ser reconduzidas a uma só, valendo também o contrário, isto é, uma religião pode se expressar em três tradições diferentes. Nesse contexto, justifica-se chamar a China como de *San-Chiao*, ou a terra de três religiões.

INDICAÇÃO CULTURAL

Filme

O ÚLTIMO imperador. Direção: Bernardo Bertolucci. China/Inglaterra/Itália: Columbia Pictures, 1987. 165 min.

Esse filme apresenta a extinção da milenar realeza chinesa com a tomada do poder pelos comunistas. O deposto imperador, todavia, é um adolescente que precisa adaptar-se à vida no novo regime. A obra aborda o contexto chinês da época, com as invasões do Japão e da União Soviética, assim apresentando um novo rumo para a China. A proposta do estudo das religiões é desafiar o leitor a conhecer culturas diferentes e, com base nisso, fazer uma releitura de sua própria cultura. *O último imperador* leva o espectador ao universo antigo da cultura chinesa para observá-la, compreendê-la e fazer uma leitura do contexto antigo de sua própria cultura. É importante perceber as contribuições das culturas antigas para os tempos atuais, especificamente para as disciplinas que abordam o conteúdo das religiões.

ATIVIDADES DE AUTOAVALIAÇÃO

1. Quais são as três religiões chinesas e qual é a expressão própria em chinês para fazer referência a elas?
   A) Taoismo, hinduísmo e islamismo e a expressão é *San-Chiao*.
   B) Confucionismo, taoismo e budismo e a expressão é *San-Chiao*.
   C) Taoismo, hinduísmo e judaísmo e a expressão é *Tao*.
   D) Xintoísmo, hinduísmo e islamismo e a expressão é *Pan Ku*.
   E) Confucionismo, budismo, islamismo e a expressão *Deus conosco*.

2. Entre as três principais religiões chinesas, duas nasceram na China e uma delas veio de fora. Quais são as religiões que tiveram sua origem na China e qual delas veio de fora?
   A) O confucionismo e o taoismo nasceram na China, e o budismo veio de fora.
   B) O confucionismo e o budismo nasceram na China, e o taoismo veio de fora.
   C) O taoismo e o budismo nasceram na China, e o confucionismo veio de fora.
   D) Todas as três tradições nasceram na China.
   E) O confucionismo e o islamismo nasceram na China, e taoismo veio de fora.

3. A regra básica da moral da doutrina de Confúcio era: "o que não queres que façam a ti, não faças aos outros". Sobre essa afirmação, podemos afirmar que ela:
   A) está incorreta.
   B) está correta.
   C) é controversa.
   D) deve ser desconsiderada.
   E) deve ser modificada.

4. A literatura confucionista abrange cinco clássicos e quatro livros. Sobre esse assunto, analise se as afirmativas a seguir são verdadeiras (V) ou falsas (F):
   [ ] Os cinco clássicos são os livros básicos da educação do povo e compreendem todas as regras para o comportamento público.
   [ ] Os quatro livros da literatura confucionista tratam das divindades chinesas.
   [ ] Os quatro livros da literatura confucionista tratam da vida pública vinculada à ciência e apresentam o caráter moral do povo chinês.

[ ] Os cinco clássicos são os livros básicos da cultura chinesa e não apresentam qualquer relação com a educação ou a vida pública.

Agora, assinale a alternativa que indica a sequência obtida:

A] V, F, V, F
B] V, V, F, F
C] F, V, V, F
D] F, F, V, V
E] V, F, F, V

5. As três tradições elaboraram pensamentos distintos. O confucionismo enfatizou o pensamento ético social, o taoismo, o pensamento místico religioso, e o budismo deu origem ao pensamento do caminho do meio. Sobre essa afirmação, podemos afirmar que ela:

A] deve ser desconsiderada.
B] está incorreta.
C] está correta.
D] é controversa.
E] deve ser modificada.

Atividades de aprendizagem

Questões para reflexão

1. Antigamente, quando não havia a possibilidade de estudar em razão da falta de escolas, os pais passavam a sabedoria aos filhos por meio dos provérbios. A China é conhecida pelos seus provérbios, os quais abrangem todas as facetas da vida. Portanto, pedimos que organize um encontro com quatro pessoas de mais idade e que possam contar alguns provérbios de sua cultura.

2. Em um segundo momento, contemple os provérbios apresentados pelas pessoas convidadas. Se for possível, lembre-se também dos provérbios narrados pelos seus próprios pais ou avós.

Atividade aplicada: prática

1. Nos tempos contemporâneos, é mais fácil encontrar os livros sobre as culturas e religiões dos países distantes, como é o caso das religiões indianas e chinesas. Assim, realize uma pesquisa em uma biblioteca (pública ou da faculdade) sobre as religiões chinesas. Anote alguns provérbios que possam ajudá-lo a compreender a cultura chinesa, especificamente o pensamento chinês.

TAOISMO: UM GUIA EM DIREÇÃO À SABEDORIA

O taoismo, uma das tradições mais importantes da China, refere-se ao caminho místico ou caminho da sabedoria. Essa tradição incorpora os sistemas de movimentos tanto religiosos como filosóficos que buscam a união com a suprema realidade, denominada *Tao*. Essa tradição tem uma preocupação com o bem-estar do indivíduo na sociedade e, portanto, orienta seus adeptos a buscar o caminho na harmonia de vida, que pressupõe a interação do *Tao* na existência, e a agir em comum acordo com ele.

A doutrina taoista concentrou seu foco "na busca do equilíbrio de cada ser, pois entendia que pessoas equilibradas tanto no aspecto físico como psíquico e espiritual poderiam contribuir melhor para a vida em sociedade" (Alves, 2009, p. 56). Nesse sentido, a doutrina fundamental do taoismo reflete um princípio da ação baseado no mundo natural com a abordagem receptiva à vida.

Neste capítulo, apresentaremos uma visão geral sobre o taoismo e descreveremos sua evolução processual: do mágico ao filosófico e ao religioso. Em seguida, abordaremos as diversas formas do taoismo, examinando alguns princípios que norteiam essa tradição.

2.1 O que é o taoismo?

Definir o taoismo não é uma tarefa fácil em virtude de sua própria natureza. A doutrina taoista se encontra vinculada a diversos fatores, e todo o seu conteúdo revelado na iconografia da arte chinesa é imensamente rico, ambíguo e, ao mesmo tempo, simbólico. A fundação do taoismo é atribuída a Lao-Tzu, o Velho Mestre, pelo fato de ele ser o suposto autor da obra *Tao Te Ching*, que é considerada o "Cânon do Caminho e da Virtude", uma coletânea de conceitos da antiga China, apresentados numa linguagem simbólica. Portanto, é difícil definir essa religião de forma isolada, pois essa tradição é um conjunto de ensinamentos cujo foco é mais o lado místico do que propriamente o social. Nesse contexto, "o taoismo implica passividade e não atividade. Para um sábio taoista, ação mais importante é 'não ação'. Isso obviamente tem uma grande influência em sua visão da vida comunitária" (Hellern; Notaker; Gaarder, 2000, p. 81).

Em primeiro lugar, muitos estudiosos acreditam que o taoismo nasceu de antigas crenças e práticas ligadas ao culto da natureza e às futuras previsões. Existem diversas razões para o surgimento dessa doutrina. Richard Wilhelm (Lao-Tzu, 2006, p. 125), apresenta, de forma clara, a transição da antiga crença chinesa para o taoismo:

> O antigo teísmo chinês ensinara que no céu havia um deus de quem o mundo simplesmente dependia, um deus que recompensava os bons e castigava os maus. Essa Entidade possuía consciência humana, e permitia os santos eleitos ao seu redor, como o rei Wen; podia encolerizar-se quando os homens eram maus, mas, no fim, sempre os perdoava de novo e deles se compadecia, quando seu sacerdote e representante, o filho do céu, se purificava de maneira correta e se acercava dele com sacrifícios

Essa forma antiga de pensar perdeu sua força em virtude de acontecimentos terríveis, especificamente as guerras no território chinês entre os clãs. Foi justamente nessa realidade que o pensamento de Lao-Tzu foi introduzido e, com ele, conforme Wilhelm, "a eliminação definitiva do antropomorfismo religioso se iniciou. O céu e a terra não têm os sentimentos humanos de amor. Para eles todos os seres são como meros cães de sacrifício feitos de palha" (Lao-Tzu, 2006, p. 125).

A maioria dos cientistas de religião considera que as escrituras centrais do taoismo são as coletâneas dos pensamentos dos sábios chineses estabelecidos ao longo dos séculos. Entre esses sábios, Lao-Tzu compilou e elaborou o conteúdo de uma filosofia de vida que evoluiu até se tornar uma distinta religião. Além disso, o taoismo apresenta uma longa e rica história que se cruza com as outras duas tradições, o confucionismo e o budismo, mas foi e é um componente fundamental da vida filosófica e espiritual da Ásia em geral e da China em particular.

Como afirma Capra (1990, p. 90),

> O taoismo se interessa pela sabedoria intuitiva e não pelo conhecimento racional. Reconhecendo as limitações e a relatividade do mundo do pensamento racional, o taoismo é, basicamente, um caminho de libertação deste mundo e, nesse aspecto, pode ser comparado aos caminhos do yoga e do vedanta, no hinduísmo, ou ao Caminho Óctuplo do Buda. No contexto da cultura chinesa, a libertação taoista significava, mais especificamente, uma libertação das regras rígidas da convenção.

Também parece incontestável que o taoismo era uma metafísica profunda antes de se tornar a religião popular da China. É possível afirmar que "as doutrinas fundamentais do taoismo refletem um princípio de ação baseado nu mundo natural"

(Toropov; Buckles, 2004, p. 281). Ao contrário do mundo grego, que deu forte ênfase ao mundo racional, o taoismo reconhece as limitações e a relatividade do mundo do pensamento racional e apresenta o caminho da libertação deste mundo. Como explica Capra (1990, p. 90, grifo do original),

> A desconfiança em face do conhecimento e do raciocínio convencionais é mais forte no taoismo do que em qualquer outra escola de filosofia oriental, baseando-se na sólida crença de que o intelecto humano jamais poderá compreender o *Tao*. Nas palavras de Chuang Tsé, "o conhecimento mais amplo não o conhece, necessariamente; o raciocínio não tornará os homens sábios. Os sábios decidiram-se contra estes dois métodos".

Com base nessa visão, percebemos que o taoismo busca e defende uma abordagem receptiva à vida, promovendo os princípios do não controle e da não interferência. Em outras palavras, "buscar o Tao significa abandonar todos os esforços intranquilos, não importando a forma que eles assumem" (Toropov; Buckles, 2004, p. 282).

Acompanhando o raciocínio, o dicionário enciclopédico das religiões informa que

> Os fenômenos são puras aparências. Tudo é relativo. Para reencontrar esta unidade, é preciso renunciar ao estudo, à vida coletiva. "vomitar a inteligência", proceder pela intuição, concentrar-se em lugar de extravasar-se, simplificar-se. É preciso ser indiferente a tudo. É preciso, escreve Granet, "aprender com as crianças, com os animais, com as plantas, a arte simples e feliz de viver tendo em vista só a vida". É preciso parecer semelhante ao bebê que sorri para tudo, que vai e vem sem um objetivo. (Schlesinger; Porto, 1995, p. 2467)

Assim, observamos que o taoismo promove a simplicidade da vida e a harmonia com o mundo, especialmente com o mundo natural. A dimensão natural do ser humano é explorada de tal forma que ela é considerada pelo taoismo como a base da felicidade humana. É nesse entendimento que se encontra o nascimento do taoismo religioso na China.

2.2 Origem do taoismo religioso

As características religiosas do taoismo foram desenvolvidas num período posterior, principalmente no século I d.C., quando surgiu um movimento de construção de mosteiros e templos. Dessa forma, passou-se de um movimento filosófico para um movimento religioso.

Hans Küng (2004), um dos estudiosos dessa religião, aponta que o taoismo "assumiu muitos elementos da antiga religião chinesa dos xamãs e adivinhos, mas, por outro lado, criou uma enorme obra escrita considerada toda ela como experiências divinas transmitidas aos taoistas em estado de transe, sem que seja informado o autor nem o momento da redação" (Küng, 2004, p. 126).

O líder principal para realizar essa passagem da filosofia para a religião foi o eremita Chang Taolin, que tivera uma revelação do Supremo Tao. Conforme a revelação, o povo teria perdido todo o respeito pela verdade e estaria dedicando mais tempo ao culto aos demônios; portanto, era necessário introduzir a verdadeira fé, abolindo todas as práticas demoníacas. Para tal propósito, o deus Tao teria nomeado Chang Taolin como Mestre do Céu para iniciar a nova fé.

Como explica Huberto Rohden, "uma das primeiras comunidades organizadas da nova religião taoista foi destruída no ano 184 pela dinastia Han. Durante a dinastia Tang (618-907), o taoismo foi privilegiado na corte e caracterizou-se por uma síntese litúrgica e doutrinária" (Lao-Tsé, 2013, p. 161). No interior do taoismo, ocorreu a mesma situação observada em todas as tradições religiosas: por um lado, existem os movimentos dissidentes motivados por alguns líderes revoltosos e, por outro, uma tentativa da tradição de impedir tais movimentos sectários.

No processo de cumprimento da revelação, Chang Taolin

> construiu mosteiros e templos e instalou a sede de seu movimento em Kaingsi (Qincheng), onde ela permaneceu até ser abolida pelo governo chinês em 1927. [...] Entre os séculos V e VIII, o taoismo chegou a ser religião oficial do Estado chinês, ocupando posição semelhante à do budismo e confucionismo. (Schlesinger; Porto, 1995, p. 2467)

No processo de construção do universo religioso, a ênfase recaiu no equilíbrio, de modo especial naquilo que é comunicado entre o reino humano, o céu e a terra. O ciclo vital do Universo é regulado por um jogo de equilíbrios mutáveis no qual as diversas forças que o animam não são jamais estáticas: "as energias voltam ao estado original para depois se desenvolverem novamente, em uma alternância balanceada de alianças e antagonismos, de afinidades e oposições, de criação e destruição" (Raveri, 2005, p. 158).

Nesse contexto, percebemos que o taoismo é "muito conhecido por sua simplicidade e consciência, também seu lado complexo. Influências populares criaram um elaborado panteão de espíritos infernais e celestiais, mas os sacerdotes taoistas sempre os entenderam como expressões do único Tao" (Toropov; Buckles, 2004, p. 287). Podemos afirmar que o pensamento taoista "está sempre concentrado na relação entre o uno e o múltiplo e nas articulações pelas quais tal relação se exprime" (Raveri, 2005, p. 159).

No decorrer dos séculos, os mestres acreditaram que a essência da doutrina já estivesse contida no *Tao Te Ching*, mas os métodos e as experiências para seguir o *Tao* mudaram nas várias épocas com as revelações dos místicos. Contudo, a originalidade das concepções permaneceu intacta. Como destaca Massimo Raveri (2005, p. 164), "o movimento dos Mestres do Céu redige os Registros e o Mandamento, textos que tratam de iniciações, esquemas de culto, e foram a primeira literatura litúrgica do taoismo, transmitida aos iniciados". Posteriormente, no século V d.C., com a influência da tradição budista, o primeiro cânone taoista, *Daozang*, foi compilado e todas as grandes dinastias propuseram sua reedição, anexando novos textos. Dessa forma, foi elaborada a grande síntese taoista na Idade Média.

Esse cânone consta de 1.120 volumes e foi compilado no ano 1436 d.C. (Schlesinger; Porto, 1995; Küng, 2004). Alguns autores afirmam que "na sua forma anterior era mais extenso e sofreu alterações e queimas. Contém como primeira parte as 'Três Abóbadas' e na segunda parte quatro suplementos. Na primeira existem textos rituais e de meditação da seita Yu Ching" (Schlesinger; Porto, 1995, p. 1467). Os tratados dos filósofos mais importantes da China, Lao-Tzu e Chuang Tzu, foram compilados.

Como observou Küng (2004, p. 126),

> Ao lado dos cultos de purificação (exercícios de ioga, dietética, ginástica, procura de elixires), foram integrados sobretudo os cultos para o prolongamento da vida. Assim, tanto entre o povo simples quanto na aristocracia, a religião taoista tornou-se popular antes de tudo como uma religião da imortalidade. Sua grande promessa: ao morrer, o taoista vai para um dos paraísos ou para as ilhas da bem-aventurança fora da China.

A nova forma de religião rejeitou todas as formas de sacrifícios que eram oferecidos aos antepassados ou aos outros espíritos, e essas práticas foram substituídas por incensos, bastões perfumados e legumes cozidos. No processo de transformar uma filosofia de vida em uma religião, a dimensão do arrependimento foi introduzida em certos rituais, a serem celebrados em determinados momentos do ano. Também há os cultos e os rituais nos quais os sacerdotes rezam pelos fiéis, pelo perdão de seus pecados. "Para alcançar o perdão e a salvação, a lista dos pecados é apresentada aos céus nos cumes dos montes, ou à terra, sendo enterrada, ou aos rios, sendo mergulhada em suas águas" (Küng, 2004, p. 127).

Assim, podemos afirmar que "o taoismo religioso (*Tao-chiao*) refere-se a seitas, linhagens e movimentos religiosos que buscam atingir o *Tao* ("o caminho") como a suprema realidade e, consequentemente, a imortalidade pela meditação, liturgia, alquimia e filosofia" (Bowker, 1997, p. 96). Desse modo, observamos que todos os taoistas religiosos se preocupam com a harmonização das energias fundamentais do Universo com mecanismos diversos. Alguns canalizam suas energias para realizar curas e exorcismos, enquanto outros buscam a harmonização de suas energias dentro si, para atingir a imortalidade. Podemos dizer que, nesse contexto, surgiu a complexa dimensão hierárquica que deu origem aos ritos e a outras práticas, ou seja, a uma espécie de "igreja".

2.2.1 A "igreja" taoista

O taoismo assumiu, de fato, o caráter estrutural de uma igreja quando o eremita Taolin começou a se reunir com seus adeptos em comunidades ao redor de sacerdotes e sacerdotisas que representavam o *Tao* sobre a terra. Uma estrutura foi estabelecida com a visão cosmológica, que contempla duas hierarquias: uma celeste, na qual o *Tao*, o senhor do Universo, coordena o movimento do cosmos, e outra terrena, tendo um líder, no estilo de um papa da Igreja Católica, "embora não tendo o supremo poder de ensinar e mandar: simplesmente o Mestre o Céu, como representante do Deus supremo" (Küng, 2004, p. 127).

Assim, percebemos que essa nova forma de religião teve sua origem nas crenças antigas da China; portanto, detalhar as expressões do taoismo pode ser ilusório, pois ele serviu como canal aceitável para inúmeros princípios e movimentos. Na atualidade, possui centenas de templos e tornou-se muito popular entre os campesinos chineses. Inúmeros rituais e festas foram introduzidos, como aspersão de água benta, queimação de incenso, ritos de purificação e celebração do ano chinês, com a dança de leões e dragões. Para estabelecer esses ritos, era necessário existir uma estrutura e "surge assim, efetivamente, uma espécie de 'igreja' taoista, com sacerdotes casados (exorcistas, magos, geomantes, adivinhos) e monges e monjas celibatários, que buscam a perfeição como eremitas ou reunidos em conventos – onde só as moradias são separadas" (Küng, 2004, p. 127).

A dimensão ritualística foi organizada com base na experiência e nos tipos de pessoas que buscam essa tradição. Conforme Toropov e Buckles (2004, p. 288),

> aqueles que se afastaram das coisas do mundo, considerando-as superficiais e não recompensadoras; aqueles que ficaram desiludidos com a agitação social ou conquistas militares; e aqueles que se cansaram das lutas diárias para alcançar posições se voltaram para os ensinamentos taoistas. Na verdade, eles descobriram um significado na reveladora dança da natureza – e talvez chegaram mais perto de aprender como melhor desempenhar seus próprios papéis dentro dessa dança.

Para orientar esses adeptos e também para preservar os significados dos ritos, uma complexa estrutura foi elaborada, tanto para os leigos como para os sacerdotes. Além disso, qualquer que fosse a estrutura, o taoismo continuava seguindo seus próprios ensinamentos e foi muito flexível para se adaptar ao tempo e às circunstâncias.

2.3 Taoismo: corpo e mente

Um dos elementos a que se deve dar atenção no taoismo é a importância atribuída ao corpo humano e às relações que existem entre as partes do corpo. Com relação ao corpo e à mente, os ensinamentos transmitidos pelos mestres taoistas apresentam uma intuição profunda, "de uma simetria de múltiplas relações analógicas entre a estrutura e as características do universo e a do corpo humano. São dois mundos especulares: o microcosmo do corpo corresponde em cada ponto ao universo, é sua imagem fiel" (Raveri, 2005, p. 164).

Dessa forma, a tradição taoista procurava ver o ser humano por inteiro. Segundo Bowker (1997, p. 99), "na teoria taoista, o corpo humano é um sistema de energia que consiste em fluxos padronizados de *ch'i*, a energia vital, e sangue. O fluxo de *ch'i* na paisagem, e desse modo o *ch'i* do corpo, como as forças climáticas, está sujeito a mudanças". Como esclarece Küng (2004, p. 123), "De acordo com taoismo, o homem está inserido em um sistema universal de relações, correspondências e fluxos de energia. Antes de tudo, é importante observar a lei de correspondência ente o macrocosmo e microcosmo. A vida do homem precisa estar em harmonia com as leis macrocósmicas".

É importante observar o funcionamento do fluxo de energia vital em dois universos simultaneamente. Por exemplo, "no funcionamento da natureza, no funcionamento do corpo humano, na natureza dos alimentos, nas qualidades éticas dos seres humanos e no funcionamento do progresso do tempo" (Cecilia, 2004, p. 4).

Nesse contexto, podemos perceber que "para o pensamento taoista, há uma estreita inter-relação entre corpo, mente e meio ambiente, e a partir disso se desenvolveram inúmeras técnicas médicas e disciplinas psicofísicas da tradição chinesa" (Bowker, 1997, p. 99).

Apoiando esse raciocínio, citamos uma passagem que descreve o fluxo do macrocosmo no microcosmo:

> o clima celestial circula dentro dos pulmões; o clima terrestre circula dentro da garganta; o vento circula dentro do fígado, a trovoada circula no coração; o ar de um desfiladeiro penetra no estômago e a chuva penetra nos rins. As seis artérias geram rios, os intestinos e o estômago geram oceanos e os nove orifícios geram água corrente, o céu e a terra. (Cecilia, 2004, p. 3)

Podemos notar que, para o taoismo, o mais importante é o bem-estar do corpo e da mente em todas as dimensões. Talvez essa ideia tenha dado origem às técnicas medicinais chinesas em relação ao tratamento do corpo. Portanto, "é preciso não apenas localizar a doença como uma enfermidade orgânica que exige reparo, mas entendê-la como uma perturbação do equilíbrio global das forças no organismo humano como consequência da desarmonia e da desigualdade" (Küng, 2004, p. 123). Ou então, Raveri (2005, p. 164), "o pensamento chinês tradicional afirma que todas as realidades do universo 'externo' têm a mesma identidade daquelas que compõem o universo 'interno' do corpo, simétricas nas respectivas ordens, que vivem os mesmo ritmos, ligadas por relações de analogia".

Com essa compreensão holística, é possível perceber o fluxo da energia vital – ou *ch'i* – no corpo e sua influência sobre os órgãos internos e suas funções.

2.4 Três formas de taoismo

Existem muitas formas de taoismo que são praticadas na atualidade, em virtude das influências de outras religiões. O elemento principal consiste em buscar uma harmonia perfeita com os padrões da natureza. Na sequência, vamos apresentar as três formas principais que o taoismo assume hoje.

2.4.1 Taoismo mágico

O taoismo mágico é a corrente mais popular atualmente. Nessa perspectiva, "através dos poderes mágicos é possível aproximar, conquistar e submeter os poderes da natureza" (Sahayam, 2010, p. 137). No processo de popularização da doutrina e motivados pela busca da massa chinesa, os discípulos de Lao-Tzu tiveram a ideia de incorporar aspectos mágicos ao misticismo original do taoismo.

Essa forma de atuar na sociedade teve maior aceitação por parte do povo chinês. Assim, originaram-se novos elementos, como a feitiçaria e as crendices dos tempos antigos. Os ensinamentos de Lao-Tzu foram mal interpretados:

> "Lao-Tse acreditava que quando um indivíduo permanece passivo, preserva sua força vital por longo tempo, mantendo-a saudável e pura. Mais tarde, algumas pessoas começaram a interpretar essa ideia como a possibilidade de alcançar uma longevidade cada vez maior, e passaram a se interessar em se tornar imortais". (Hellern; Notaker; Gaarder, 2000, p. 82)

Houve uma mudança no foco original do taoismo, pois os adeptos acolheram as práticas mágicas para alcançar a vida eterna, abandonando as práticas meditativas de observar o processo natural da vida.

O processo religioso envolvido nesse tipo de taoismo compreende o poder sacerdotal, a necromancia e a feitiçaria. As crenças nas encarnações e nas invocações fazem parte do mundo mágico. O objetivo que caracteriza o taoismo mágico consiste em transcender o mundo cotidiano repetitivo e o do trabalho de rotina e sem mudanças.

O foco de toda a existência é materialista. Para realizar a experiência do espiritual, recorre-se aos poderes mágicos. Passado, presente e futuro são classificações arbitrárias do tempo. É tudo um contínuo, pois o passado vive no presente, e o presente projeta se no futuro. Como atesta Sahayam (2010, p. 138), "para a prática do transe meditativo, para viver no ar e no orvalho, para conseguir imunidade à doença, a fase mágica é essencial".

2.4.2 Taoismo místico-religioso

Por volta do século II da Era Cristã, na China, começaram a se organizar comunidades religiosas que concentraram sua preocupação na imortalidade. Embora esse objetivo entrasse em conflito com os princípios taoistas originais, os textos filosóficos apoiaram a ideia pelo fato de os adeptos buscarem a harmonia com o *Tao*. Com base nisso, surgiu a dimensão mística do taoismo.

O taoismo místico, visto como esotérico, de modo geral é praticado em segredo, em círculos privados e em pequenos grupos; portanto, também é de natureza psíquica. Como observa Sahayam (2010, p. 138),

> O princípio que guia o taoismo esotérico é o cultivo da quietude, através de práticas de yoga. O corpo é considerado como uma concha. A quietude da mente é alcançada pelo controle dos sentidos. Colocar-se em silêncio para chegar à interioridade. Dissipar

a ansiedade e deixar a fonte cósmica da harmonia fluir profundamente em cada camada do subconsciente. Os sentidos são como cavalos desenfreados. Eles distraem, perturbam e levam à profunda angústia. Deveriam ser contidos e controlados para ganhar domínio sobre o self. Abnegação, limpeza e calma emocional são as preliminares para chegar ao profundo autoconhecimento completo. Autoconhecimento, apoiado pela profunda meditação.

Os grupos que praticam esses princípios os levam a uma perfeição tal que o taoismo os considera como seres perfeitos ou imortais, direcionando o taoismo para o paradigma religioso. Nesse ponto, destaca-se a divinização de Lao-Tzu como autor principal da revelação. Conforme Rohden, "Entre as práticas que tinham por objetivo alcançar a imortalidade, incluíam-se meditação, disciplina sexual, alquimia, exercícios respiratórios, dietas, uso de talismãs e a busca de lendária ilha de Bliss" (Lao-Tsé, 2013, p. 160).

O pressuposto é que, para aquela mente que apresenta a calma e a tranquilidade, todo o Universo se rende. O resultado dessa conquista seria a verdade, a alegria e o poder para conquistar. Em última análise, o poder místico-moral se torna um fator que permeia. A energia para controlar, guiar e mover ganha um impulso que dá rumo ao taoismo místico.

2.4.3 Taoismo filosófico

O taoismo filosófico nada mais é que uma evolução que aconteceu dentro do movimento com base no aparecimento de questionamentos e inquietações filosóficas. Os princípios que levaram ao surgimento dessa busca foram a ideia de "trabalho sem trabalho" – *Wu-Wei* –, ou seja, fazer nada, ou quietude criativa ou de não ação.

A quietude criativa vive dentro de cada indivíduo. Cada um influencia outros como um modelo, consciente ou inconscientemente. Pode parecer paradoxal, mas na verdade as condições aparentemente incompatíveis são bem sincronizadas. Como explica Sahayam (2010, p. 138), "atividade suprema, bem como relaxamento supremo é Wu-Wei. Ação intensa, preciosa flexibilidade, simplicidade e liberdade, devem integrar ou sincronizar em Wu-Wei".

É interessante notar, de acordo com Rohden, que "o objetivo que se propõe a filosofia taoista é tomar a consciência do *dao* [*Tao*] por meio da contemplação e situar-se em sintonia com ele pela experiência mística, acomodando-se ao ritmo da própria natureza e do Universo" (Lao-Tsé, 2013, p. 161). Os taoistas acreditavam que era possível conseguir tudo sem fazer nada. O fazer seria o desfazer. Ninguém pode dizer "vou reformar ou renovar". Outros fatores também devem ser vistos como arrogância que leva ao desastre de si. Portanto, a orientação é deixar tudo para seguir o curso natural. Nunca se deve interferir nele, pois nada pode ser alcançado dessa maneira.

É justamente nesse contexto que se recebe a melhor orientação para praticar *Wu-Wei*, que é quietude, não agressão, ação não intrometida ou fazer nada. Podemos identificar a forma de chegar à quietude quando Leloup e Boff (2011, p. 13), citando um dos princípios do *Wu-Wei*, explicam: "Ao chegar à borda da floresta, o riacho vem maior, quase um rio. Adulto, já não corre, salta e borbulha como fazia quando jovem. Agora, move-se com a tranquilidade de quem sabe para onde vai. Diz: Não há pressa. Chegarei lá". Em suma, "no processo de ser existe o abundante do fazer. Viver como um golfinho. Uma boa potente semente deve brotar, crescer e produzir. O joio é um lixo, ninguém precisa estar preocupado com aquilo. Para expressar, desfrutar e alegrar-se com a eternidade, Tao é a resposta" (Sahayam, 2010, p. 139). Essa ideia nada mais é do que a filosofia do taoismo.

Resumindo essas três formas de taoismo, devemos destacar que existe um caminho gradativo e processual entre elas, pois o misticismo natural deu a origem às formas mágicas. Conforme Hellern, Notaker e Gaarder (2000, p. 81), "foram esses elementos de magia que encontraram maior ressonância entre as massas, ao se incorporarem às crendices e feitiçarias de tempos mais antigos". A base da doutrina se refere ao aspecto filosófico. Quando o indivíduo permanece passivo, preserva sua força vital por longo tempo, mantendo-o saudável e harmônico. Essa mesma ideia foi aplicada ao campo religioso, refletindo-se sobre a possibilidade de alcançar a imortalidade. Assim, os "filósofos taoistas, além de meditar, exercitavam práticas mágicas e tentavam descobrir o elixir da vida eterna" (Hellen; Notaker; Gaarder, 2000, p. 82).

Ao largo dessa compreensão, foi desenvolvida a religião popular, com seus próprios deuses, templos, sacerdotes e monges, além dos rituais complexos. Desse modo, o indivíduo conseguiria a verdadeira libertação e escaparia do mundo ilusório para alcançar a imortalidade. Para tal propósito, ele deveria renunciar à complexidade social, a seus desejos, a seu orgulho e ao amor próprio.

2.5 Os princípios éticos do taoismo

O caminho principal para a elaboração dos princípios éticos taoistas é o não agir. No taoismo, acredita-se que existem múltiplos caminhos para alcançar os objetivos, inclusive pela dança e pela embriaguez. Ainda assim, na situação singular da pessoa, o ideal seria alcançável apenas por meio de prolongada observação e meditação voltadas à simplicidade dos fenômenos da natureza.

Os mestres de artes marciais dizem: "sentar e esquecer". Deixar-se fluir como uma folha seca flui no riacho que corre, acompanhando a correnteza sem pressa e sem preocupação. As três virtudes principais podem ser assim identificadas: "a economia, a simplicidade da existência; depois, a modéstia, o re-treinamento; nada verdadeiramente grande se deixa um traço seu; finalmente a piedade, [pois] é preciso fazer o bem mesmo aos que fazem o mal" (Schlesinger; Porto, 1995, p. 2467). O que também podemos observar é que a filosofia taoista rejeita a paixão e o esforço humanos e considera-se que a educação pode levar o ser humano ao descontentamento no processo de saber de sua miséria – e, nesse contexto, entende-se que a passividade e a harmonia com a natureza devem ser as virtudes mais importantes a serem cultivadas.

Outros pontos éticos foram desenvolvidos com base na influência da doutrina budista, principalmente os cinco preceitos e as dez virtudes. De acordo com Schlesinger e Porto (1995, p. 2467),

> Os cinco preceitos são: não matar, não tomar bebidas alcoólicas, não mentir, não roubar e não cometer adultério; e suas Dez Virtudes são o amor filial, a lealdade aos governantes, a ternura para com todos os seres, a paciência para com os pecadores, o autossacrifício e a disposição para ajudar mais pobres, o desejo de promover o bem-estar, libertando os escravos e plantando árvores, abrindo poços e estradas, ensinando aos ignorantes, estudando as santas escrituras e fazendo aos deuses as oferendas adequadas.

Existem semelhança entre outras tradições e a doutrina taoista. Alguns autores também afirmam que "a ênfase do taoismo na espontaneidade e confiança em si mesmo encontra importantes paralelos no budismo e em muitas outras tradições religiosas. O ensinamento de Jesus segundo o qual somente aqueles que se tornarem crianças entrarão no reino do céu tem muito do espírito orientador do taoismo" (Toropov; Buckles, 2004, p. 283).

2.6 Sentido religioso do não agir no taoismo

No taoismo, o caminho da religiosidade se apresenta de uma forma absolutamente transcendente e radicalmente imanente (Larré, 1979). A dimensão da transcendência ficou muito mais popular quando foi introduzida a questão da imortalidade. A grande promessa é feita: "ao morrer, o taoista vai para um dos paraísos ou para as ilhas da bem-aventurança fora da China" (Küng, 2004, p. 126). É um jogo constante e dinâmico entre dois universos; como explica Larré (1979, p. 59), "para os taoistas, exprime uma presença (divina) que supera o homem e o próprio Céu, e que, de modo semelhante, a Imanência é para eles uma presença (divina) mais íntima ao homem que seu próprio coração e que o abismo das fontes terrestres de onde vêm as suas essências e o seu querer ser".

As dimensões filosófica e religiosa se relacionam intimamente, uma vez que esse processo deve ser entendido desde a razão e, ao mesmo tempo, uma vez compreendido, exige que se abandone a razão. Nesse jogo, o que podemos entender é que, para o taoismo, o que interessa mais é aquele vazio, aquele nó, que se encontra entre transcendência e imanência, o que torna o jogo dinâmico, mantendo o movimento constante entre dois universos.

> As dimensões filosófica e religiosa se relacionam intimamente, uma vez que esse processo deve ser entendido desde a razão e, ao mesmo tempo, uma vez compreendido, exige que se abandone a razão.

Podemos atestar isso pela afirmação de Larré (1979, p. 59):

O que caracteriza um pensamento chinês é a capacidade para exprimir o nó das contradições, o momento das tendências antagônicas, a reunião que permite àqueles que tentam unir-se, encontrar-se e encontrar a vida. Existe sempre um meio aparentemente vazio e sempre ativo. Segundo o pensamento chinês, Transcendência e Imanência – aspectos antagônicos do Real, que sempre nos supera – são o agir da não interferência: o agir do não agir – o *wei wu wei*.

Nessa perspectiva, é preciso compreender a íntima relação entre o céu e a terra, entre a transcendência e a imanência, entre o agir e o não agir. Mediante o sentir a ausência sensível de Deus, do não agir, é possível manter o foco na transcendência, que, de fato, é o sentido religioso do taoismo.

Finalizando nossa abordagem, ressaltamos que o taoismo teve importância na modelação do caráter do povo chinês ao longo de 2.500 anos. Inicialmente, as camadas cultas da sociedade chinesa desprezaram o taoismo, considerando-o como supersticioso e entendendo que simplesmente elaborava cultos aos antepassados. Porém, trilhando os caminhos de seu desenvolvimento ao longo dos séculos, percebemos que essa tradição evoluiu de tal forma que apresentou um conteúdo específico tanto no campo da filosofia como no da religião.

Assim, podemos afirmar, nas palavras de Bob Messing (1992, p. 19-20), que o taoismo é um "antigo ensinamento místico cujo percurso pode ser retraçado ao longo de aproximadamente cinco mil anos. Ele enfatiza o desenvolvimento harmonioso dos elementos físicos, sociais e espirituais da vida humana e a autorrealização do ser por inteiro na existência cotidiana".

Síntese

O taoismo é um sistema filosófico-religioso que compreende um ramo da tradição filosófica chinesa que evoluiu ao longo dos séculos; também se tornou uma tradição religiosa, com doutrina e culto formalizados e liderança institucional. Apresentamos três formas de taoismo, o mágico, que incorporou os elementos dos cultos dos antepassados; o místico-religioso, que colocou o foco na dimensão da organização dos rituais e na construção de templos; e, por fim, o filosófico, que descreveu os mecanismos a serem utilizados para o bem-estar do ser humano. A tradição taoista enfatiza a liberdade individual e a espontaneidade, um governo liberal, a experiência mística e técnicas de autotransformação. Para tal propósito, o taoismo propõe o abandono da sabedoria como o verdadeiro caminho. Não propõe, no entanto, uma vida inativa, mas uma atitude espontânea, não controladora, livre de metas e objetivos.

Nessa perspectiva, como vimos, para o taoismo, o que interessa mais é o vazio, aquele nó, aquele espaço que se encontra entre a transcendência e a imanência, ou entre o agir e o não agir, o que torna o jogo dinâmico, mantendo o movimento constante entre dois universos. Dessa forma, o taoismo implica passividade e não atividade, ou seja, para essa religião, a ação mais importante é a não ação.

Indicação cultural

Filme

BRUCE Lee, a lenda. Direção: Leonard Ho. EUA/Hong Kong: Golden Harvest, 1984. 85 min.

Nos últimos anos, nos ambientes universitários, especificamente nas escola de humanidades, as disciplinas oferecem conteúdo que trata do bem-estar do ser humano, da família e, por fim, da sociedade. O estudo das religiões, além de oferecer o conteúdo que abrange as diversas tradições religiosas, também contempla a bagagem espiritual. Esse filme permite compreender, por meio das artes marciais, o universo interno do indivíduo, pois apresenta a dinâmica em que se costura ação com não ação, que é a proposta principal do taoismo.

Atividades de autoavaliação

1. Quem é o fundador do taoismo? Como ele era chamado pelos estudiosos?
   A] Lao-Tzu é o fundador do taoismo. Ele era chamado de Velho Mestre.
   B] Lao-Tzu é o fundador do taoismo. Ele não tinha outro nome ou título.
   C] Kung Fu Tseu é o fundador do taoismo. Ele era chamado de Grande Guerreiro.
   D] Taoismo não foi fundado por ninguém. Portanto, não existem outros nomes.
   E] Sidarta Gautama é o fundador do taoismo. O nome dele era Buda.

2. O *Tao* é visto como a mais antiga doutrina herdada dos antepassados chineses. Ele é considerado o mistério além dos mistérios, e foi popularmente traduzido como "o caminho". Sobre essa afirmação, podemos afirmar que ela:
   A] está correta.
   B] está incorreta.
   C] é controversa.
   D] deve ser desconsiderada.
   E] deve ser modificada.

3. Existem diversas formas de taoismo, entre as quais três são mais importantes. Quais são essas três formas do taoismo?
   A) O taoismo cultural, o taoismo místico-religioso e o taoismo social.
   B) O taoismo mágico, o taoismo teológico-cultural e o taoismo filosófico.
   C) O taoismo mágico, o taoismo místico-religioso e o taoismo filosófico.
   D) O taoismo dramático, o taoismo místico-religioso e o taoismo filosófico.
   E) O taoismo cultural, o taoismo social e o taoismo sensacional.

4. Existem cinco preceitos e dez virtudes no taoismo. Quais são os cinco preceitos?
   A) Não matar, não tomar bebidas alcoólicas, não mentir, não roubar e não cometer adultério.
   B) Não matar, não tomar bebidas alcoólicas, não fumar, não mentir e não dormir.
   C) Não jogar, tomar bebidas alcoólicas, sempre falar a verdade, não mentir, sempre passear na floresta.
   D) Na verdade, existem seis preceitos: não matar, não fumar, não tomar bebidas alcoólicas, não mentir, não roubar e não cometer adultério.
   E) Não matar, não tomar bebidas, não mentir, não rezar e não meditar.

5. O caminho principal para a elaboração dos princípios éticos taoistas é o não agir. Sobre essa afirmação, podemos afirmar que ela:
   A) está correta.
   B) deve ser desconsiderada.
   C) está incorreta.
   D) é controversa.
   E) deve ser analisada.

Atividades de aprendizagem

Questões para reflexão

1. Quais são os elementos mais importantes que você aprendeu ao assistir ao filme *Bruce Lee, a lenda*, sugerido anteriormente? Procure dialogar sobre isso em grupos de cinco pessoas e, depois, apresente suas ideias para os demais.
2. O taoismo apresenta o equilíbrio que o ser humano deve preservar dentro de si. Nos últimos anos, perdemos esse equilíbrio em virtude do contexto da globalização e de outros fatores da sociedade. Reflita sobre os fatores que interferem em nosso equilíbrio.

Atividade aplicada: prática

1. Faça um passeio no jardim ou no bosque de sua cidade. Observe as árvores, as plantas, a grama e as flores. O horário do passeio deve ser bem cedo, pela manhã, para estar longe da agitação do dia. Se for oportuno, leve consigo um pequeno tapete para se sentar em um lugar adequado onde possa observar a natureza com nitidez. Permaneça em silêncio, concentrado em sua respiração sentindo certa comunhão com a natureza, que é a proposta principal do taoismo.

LAO-TZU, O VELHO MESTRE – UM SÁBIO

A figura de Lao-Tzu é fundamental para entender o taoismo, a grande linha de pensamento do Oriente. Ele é uma das maiores personalidades – e também das mais enigmáticas – da antiga China, e até seu nome suscita diversas interpretações.

O nome de Lao-Tzu se encontra intimamente ligado ao surgimento da filosofia e, ao mesmo tempo, ao desenvolvimento do taoismo. Pouco se sabe sobre Lao-Tzu, e é curioso também o fato de que muitos estudiosos e pesquisadores da religião apresentam dúvidas sobre a existência de Lao-Tzu, o que, porém, é contrariado pelo livro *Tao Te Ching*, cuja autoria lhe é atribuída.

Neste capítulo, vamos abordar a história desse sábio, sua vida, seu trabalho e suas propostas concretas em relação aos indivíduos na sociedade. A religiosidade popular chinesa antiga já contemplava a ideia da divindade, mas Lao-Tzu apresentou uma nova visão a respeito dessa dimensão, com base em sua experiência.

3.1 Quem foi Lao-Tzu?

Lao-Tzu é uma figura nebulosa. Pouco se sabe sobre ele, supostamente nascido por volta de 604 a.C. É considerado o fundador do taoismo e o autor do livro *Tao Te Ching*, mas "os estudiosos perguntam se tal homem teria realmente existido. Sequer sabemos seu nome, pois Lao-Tsé – que se traduz como 'o velho', 'o velho amigo' ou 'o grande e velho mestre' – é obviamente um título de afeição e respeito" (Smith, 1991, p. 193).

Sob a perspectiva histórica, podemos afirmar que se trata de um personagem mitológico. Como aponta Huberto Rohden,

> em alguns trechos de sua história surge como a figura de um homem estranho, exótico, avesso a honrarias e manifestações sociais. Era a perfeita antítese de seu famoso contemporâneo Confúcio (*Kong-fu-Tsé*). Lao-Tsé nunca passou de um eficiente funcionário público – bibliotecário do rei ou de algum mandarim da China Imperial. (Lao-Tsé, 2013, p. 2)

A mais antiga notícia biográfica sobre Lao-Tzu encontra-se nos *Apontamentos históricos*, apresentados pelo historiador chinês Si-ma Tsién (163 a.C. - 85 a.C.). Esse historiador viveu na corte dos imperadores Han e forneceu dados importante sobre Lao-Tzu, sendo sua a talvez mais autêntica informação que temos (Kramers, 1999). Conforme consta na tradição chinesa, Lao-Tzu teria vivido no século VI a.C. Porém, a data é discutível e levanta algumas interrogações, pois diversos estudiosos modernos afirmam que Lao-Tzu provavelmente viveu dois séculos depois, durante uma época que ficou conhecida como *Cem Escolas de Pensamento* (Kramers, 1999).

Para outros pesquisadores modernos, a figura de Lao-Tzu seria apenas uma criação dos fundadores da escola filosófica e da tradição religiosa taoistas. Apesar disso, sendo real ou imaginário, Lao-Tzu deixou um legado tão expressivo que ultrapassou fronteiras, espalhando sua doutrina de diversas formas, principalmente no continente asiático.

FIGURA 3.1 – Estátua representando o filósofo Lao-Tzu

Em resumo, podemos afirmar que é inútil tentar buscar a verdadeira história de Lao-Tzu. Todavia, a obra *Tao Te Ching*, atribuída a ele, comprova de alguma forma sua existência. Como destaca Kramers (1999, p. 206), "o divinizado Lao-Tse permaneceu atuante apenas no seio de diversas seitas religiosas taoistas, e sua estátua nos altares dos seus templos é ainda hoje objeto de veneração".

3.2 Lao-Tzu e seus múltiplos nomes

O nome verdadeiro do sábio Lao-Tzu era Li Tan, mas é comum apresentá-lo como contemporâneo, apenas meio século mais velho, de Confúcio. O nome Li, na China, como explica Richard Wilhelm (2006, p. 11), era "mais frequente do que o nome alemão Maier; na juventude, seu nome era Erl (orelha); como erudito, recebeu o nome de Be Yang (Conde Sol) e, após a morte, o de Dan, a saber Lau Dan (literalmente 'velho orelha comprida', cujo sentido é 'velho professor')". De acordo com as observações de Kramers (1999, p. 204), "o lugar de origem consta como sendo uma aldeia no Estado de Ch'u, situado no extremo sul da China imperial, uma área que à época era apenas 'semicivilizada'".

É importante notar que Lao-Tzu é uma figura que carrega diversos apelidos por motivos diferentes. Ele é chamado de *ancião*, mas outros o denominam Velho Mestre ou, ainda, referem-se a ele como *sábio*. Todos esses títulos foram lhe dados com certa razão.

Lao-Tzu era chamado de *ancião* porque "acreditava-se que ele foi concebido imaculadamente por uma estrela cadente e ficou no ventre de sua mãe por oitenta e dois longos anos e, no seu nascimento, ele já era um sábio com os cabelos brancos" (Sahayam, 2010, p. 136). Hans Küng (2004, p. 124), por sua vez, afirma que "ele teria nascido depois de 81 (9x9) anos no corpo da mãe com os cabelos brancos". Também existe outra lenda segundo a qual a criança teria nascido com os cabelos brancos depois de uma longa gestação de oito anos. Por essa razão, a criança recebera o título de Criança Velha ou Velho Mestre.

Acompanhando o mesmo raciocínio, Rohden apresenta Lao-Tzu destacando os múltiplos significados de seu nome:

> Lao significa criança, jovem, adolescente. Tsé é o sufixo de muitos nomes chineses, indicando idoso, maduro, sábio, correspondendo ao grego *presbyteros*, que significa literalmente ancião, com a conotação de maduro, espiritualmente adulto. De maneira que podemos transliterar Lao-Tsé por "jovem sábio", "adolescente maduro". (Lao-Tsé, 2013, p. 6)

É interessante notar que os significados do nome Lao-Tzu já apontam para algumas questões que são essenciais para o mundo religioso. Com efeito, a sabedoria é uma das grandes temáticas que permeiam as entrelinhas da reflexão aqui considerada.

Com relação ao apelido de *sábio*, isso remonta tanto às épocas antigas quanto às contemporâneas. De tempos em tempos, surgem alguns sábios em todas as culturas, transmitindo a sabedoria na qual o passado e o presente são costurados de uma forma harmônica. Uma das abordagens que um mestre japonês fez, dizendo de si mesmo, remete à sabedoria de Lao-Tzu:

> "apesar de ter nascido dois mil anos mais tarde, esforcei-me, durante toda a vida com perseverança, fiel aos ensinamentos [...]. Aqui estou sentado, assistindo às mudanças de todas as situações e vendo como tudo caminha para a decadência [...]. Este é o mesmo estado outonal daquele tempo em que Lau Dan (Lao-Tzu) assentou os seus 5000 signos. (Wilhelm, 2006, p. 20)

Encontramos ainda algumas figuras-chave do Ocidente que beberam na sabedoria de Lao-Tzu, tentando fazer uma conexão entre a Europa e a China antiga:

> o exemplo mais convincente disso é Leão Tolstói que, com a sua doutrina do 'não fazer nada', sabia estar confessadamente ligado a Lao-Tzu, e ser muito estimado por ele. Mas também a grande quantidade de traduções do Tao Te King, divulgadas atualmente, provam a tendência do tempo para os ensinamentos do 'sábio oculto'". (Wilhelm, 2006, p. 20)

Além disso, existe um desejo de simplicidade, que veio a ser conhecido no Ocidente como um retorno à natureza, uma ideia profundamente enraizada na doutrina taoista. Aspectos como intuição e inspiração são manifestados no taoismo desde os tempos antigos e são aprendidos na atualidade nas imagens e nas palavras e nas sociedades ocidentais.

3.3 Três fases de vida de Lao-Tzu

Apesar de ser uma figura aceita mais como mítica e lendária do que como histórica, o nome de Lao-Tzu está indissoluvelmente ligado ao surgimento do taoismo, pois a escrita do *Tao Te Ching* é atribuída a ele. Quando se pesquisa a vida de Lao-Tzu, é possível notar que existem divergências entre as opiniões dos estudiosos. Existem afirmações, por exemplo, de que ele foi "arquivista em sua província natal, no oeste da China, e construiu, em torno dessa ocupação, uma vida simples e resignada" (Smith, 1991, p. 193).

Portanto, para maior clareza, dividiremos toda a vida de Lao-Tzu em três períodos distintos: a vida no corte imperial; a vida na região florestal; e a vida no anonimato fora das fronteiras chinesas.

Esta última etapa constitui ponto de partida para seu desaparecimento final. Como aponta Rohden, "conta a lenda que, no fim da sua vida, com mais de 80 anos, desapareceu na fronteira do oeste, em direção à Ásia Central, onde, segundo as tradições, continua vivendo, já que é imortal" (Lao-Tsé, 2013, p. 2).

3.3.1 A vida na corte imperial

Lao-Tzu trabalhou na corte imperial da China durante 40 anos, ocupando o cargo de arquivista, historiógrafo e também bibliotecário. O contato com a biblioteca e, consequentemente, com os livros de história da China iniciou o processo de sua análise sobre a filosofia de vida.

Supõe-se que, nesse período, houve um encontro com Confúcio, outro dos líderes mais importantes dessa época. Há relatos sobre esse encontro, de modo direto ou indireto – não somente nas obras históricas, mas também nas outras obras confucionistas. O que interessa notar é que o contato entre ambos consistiu principalmente de admoestações de Lao-Tsé pelas quais este instruía a Confúcio para que abandonasse o seu orgulho e cobiça, renunciasse às suas vaidades, ostentações e ambições, pois um bom comerciante encobre as suas riquezas, como se nada possuísse e o nobre, embora seja rico de Te, virtude, aparenta ser um simplório". (Kramers, 1999, p. 204)

Em toda a China daquela época, Lao-Tzu era visto como o melhor decifrador da filosofia taoísta, enquanto Confúcio era considerado como um falso profeta e que passou a ser discípulo de Lao-Tzu. Alguns afirmam que houve diálogo entre dois mestres, Lao-Tzu e Confúcio, sobre as questões fundamentais da vida e da sociedade.

Conforme a tradição, Lao-Tzu morava às margens do Rio Lo, e sua doutrina era incompreensível para o povo. Confúcio, portanto, decidiu procurar o velho e, chegando, pediu a ele que concedesse uma audiência. Para esclarecer melhor o conteúdo da conversa entre os dois sábios, é importante apresentar um trecho dessa entrevista:

> Confúcio: "Meus olhos estão turvos e não posso confiar-me neles. Vejo-te como uma árvore seca, abandonada de todos e a viver solitária."
>
> Lao-Tsé: "Sim; abandono meu corpo enquanto viajo sem parar pelas origens das coisas. Mas que desejas?"
>
> Confúcio: "Venho em busca de uma doutrina que possa melhorar a sorte dos seres humanos; um método para instruí-los e transformá-los."
>
> Lao-Tsé: "Os animais que se alimentam de ervas procuram por acaso melhorá-las? Os seres que vivem na água se preocupam em que ela seja melhor? E falas-me em melhorar os seres humanos."
>
> – "Eles sofrem e eu queria fazê-los felizes."

– "Se a alegria e os pesares, se o descontentamento e a satisfação não perturbassem o espírito dos homens, estes se pareceriam então com o universo. A fronteira entre a felicidade e a desgraça desapareceria. Quando os homens compreenderem que o seu bem maior é serem semelhantes a todos os outros seres vivos serão felizes e não poderão perder esse bem: transformar-se-ão sem procurar fixar-se."

Confúcio objetou:

– "Por tua virtude, unirias Céu e Terra. Mas a palavra pela qual se modifica o espírito, e a nós transmitida pelos sábios antigos, é possível despojar-nos dela?"

– "Quando se trata do homem, com efeito, há que considerar que sua carne e seus ossos perecerão e se dissolverão, ao passo que suas palavras podem ser transmitidas enquanto existirem seres humanos." Lao-Tsé refletiu e continuou:

– "Mas sem desembaraçar-nos da palavra, basta praticar o não agir para que nossos verdadeiros talentos por si mesmos se revelem. Se o homem jamais procurasse modificar as coisas, estas não se alterariam por si mesmas; a terra é compacta por sua própria natureza; o sol e a lua, que brilham por si, pretendes modificá-los também?"

E acrescentou:

– "Para conservar-se branca, a cegonha não precisa lavar-se; nem o corvo, tingir-se de negro. Por que os homens teriam necessidade de estudar e inventar para penosamente modificar-se? De que lhes serviria isto? Seria o mesmo que tocar tambor para fazer ressuscitar um carneiro." (Ferreira, 2001, p. 16-17)

Nesse diálogo, estão nítidas as sementes das divergências entre os dois sábios que deram a origem às duas filosofias de vida distintas na China antiga.

3.3.2 A vida na região florestal

A biografia também aponta que Lao-Tzu abandonou a corte imperial e retirou-se para a floresta para viver como eremita, deixando de lado a convivência entre os homens e refugiando-se na solidão, meditando e escutando a voz silenciosa da intuição cósmica. São apontadas diversas razões para que ele deixasse a corte.

Como relata Sahayam (2010, p. 136),

> Ele estava desiludido com a forma de governança. Ele questionou a sabedoria dos governantes. Ele estava tão frustrado que ele considerava que o conhecimento em si é uma maldição e um exercício de futilidade. Montou em um carrinho de duas rodas puxado por bois pretos e com pressa, ele queria deixar a cidade.

Existem duas versões sobre seu destino logo depois de deixar a corte real. Alguns autores, como Kramers (1999), afirmam que, depois de abandonar a corte, ele chegou à fronteira e desapareceu no anonimato. Por sua vez, Wilhelm (2006, p. 13) conta que Lao-Tzu, ao sair do palácio, chegando ao desfiladeiro Han Gu – segundo a tradição, cavalgando um boi preto –, teria recebido o pedido do guarda da fronteira para que ele deixasse algo escrito.

Há ainda outra versão, a qual se deve à profundidade do conteúdo de sua doutrina. É provável que Lao-Tzu tenha vivido a outra metade de sua vida, entre 40 a 80 anos, em um estado de contemplação. Mais tarde, já no século I a.C., existe na literatura chinesa a descrição de uma região na qual os sábios se refugiavam, onde também Lao-Tzu teve sua inspiração para elaborar o *Tao Te Ching*.

Românticos penhascos circundam mosteiros ocultos que, dos seus esconderijos nos bosques de bambu, em meio a uma flora quase subtropical, se debruçam sobre o azul do grande mar. Mais de um alto funcionário naufragado na agitação dos partidos da corte imperial encontrou, nessa solidão das montanhosas, a paz, através da contemplação da natureza virgem da busca do sentido dos versículos do *Tao-Te King*. (Wilhelm, 2006, p. 19)

Destacamos também outro testemunho em que se descreve a região que influenciou Lao-Tzu a elaborar sua sabedoria de vida. Nessa descrição, afirma-se que

o ser adquire um valor verdadeiro quando, pelo contato com os fundamentos profundos do mundo, é capaz de brilhar com a sua própria luz. Só que a grande arte não precisa de enfeites, a grande vida não brilha, uma joia de valor surge de um invólucro áspero. [...] O significado das boas dádivas do céu e da terra não se baseia no fato de serem elas úteis aos objetivos humanos. Pode-se dizer até que aquilo que não possui tanto grandeza, que, a partir do exterior, não se possa acrescentar mais nada, de modo algum poderá ser chamado de grande. (Wilhelm, 2006, p. 19)

Portanto, existe algum consenso sobre o fato de Lao-Tzu passar a segunda metade de sua vida nessa região remota, escutando vozes silenciosas da natureza em contemplação. Como observa Rohden, "Lao-Tsé, em quase meio século de silêncio e solidão, deve ter auscultado a voz do Infinito, a alma do Universo, e tentou exprimir em conceitos mentais e em palavras verbais a sua sabedoria ultramental e ultraverbal" (Lao-Tsé, 2013, p. 7).

Podemos perceber, assim, os dois universos: a corte real forneceu o conteúdo intelectual, e a natureza ofereceu a sabedoria cósmica para que desenvolvesse sua forma de vida na obra *Tao Te Ching*.

3.3.3 A vida no anonimato

É quase um consenso entre os estudiosos da religião que Lao-Tzu viveu em anonimato por diversos motivos. Alguns afirmam que "Lao-Tzu teria se retirado, pois a situação pública piorava tanto que já não havia mais esperança de restabelecimento da ordem" (Wilhelm, 2006, p. 13). Outros defendem que, aos 80 anos de idade, ele mesmo sentiu a necessidade de buscar mais sabedoria e conhecimento e que isso poderia existir além das fronteiras chinesas.

É interessante notar que todos relatam que, "ao chegar à fronteira, o guarda, Yin Hsi, rogou-lhe que escrevesse os seus ensinamentos antes de seguir o caminho. Em face disso, Lao-Tzu teria lançado por escrito o *Tao Te Ching*, contendo mais de cinco mil palavras" (Kramers, 1999, p. 204). Ele entregou esse manuscrito ao guarda e desapareceu do cenário.

Não se sabe como foram os dias finais desse sábio. Alguns afirmam que ele teria ido em seguida para o oeste, embora ninguém saiba exatamente o local. Alguns aspectos lendários parecem ter sido acrescentados: Lao-Tzu teria ido à Índia e entrado em contato com o Buda. "Nas discussões posteriores entre as duas religiões, ambas afirmavam que o fundador de uma religião teria aprendido com o fundador da outra" (Wilhelm, 2006, p. 13).

O que podemos perceber é que o suposto fundador do taoismo não o organizava nem o promovia. O velho não pregava. Como aponta Huston Smith (1991, p. 194):

> Tão diferente de Buda, que trilhou as estradas poeirentas da Índia durante 45 anos para expor suas ideias. Tão diferente de Confúcio, que infernizou príncipes e barões tentando obter um cargo administrativo (ou pelo menos uma audiência) para pôr em prática suas ideias. Temos Lao-Tsé um homem tão pouco preocupado com o sucesso de suas conjeturas, e menos ainda com a fama e a fortuna.

Outro elemento a ser notado em relação a Lao-Tzu é que, segundo Sse-ma Ch'ien, ele teria vivido em torno de 160 anos, graças ao seu consumado grau de perfeição em Tao e Te. Assim, a morte de Lao-Tzu permanece como uma incógnita até os dias de hoje.

3.4 Ponto de partida para a elaboração da doutrina

A elaboração da doutrina de passividade, ou não ação, está intimamente vinculada à experiência de Lao-Tzu nas três fases de sua vida: na biblioteca, como arquivista; na floresta, ouvindo a voz da natureza; e no anonimato.

Na biblioteca da corte imperial, ele observou os governantes menos preparados no campo da administração baseada na doutrina confucionista. Na contemplação da floresta, ele viu o processo natural do Universo. No anonimato, voltou-se para o corpo humano.

Como explica Massimo Raveri (2005, p. 165),

> o corpo taoista, semelhante ao universo, é dividido em três partes, das quais cada uma gravita sobre um centro, o Campo do Cinabre, onde ficam as manifestações do Uno primordial. Vida e morte se entrelaçam e se alternam: de fato, nos três campos vivem também Três Cadáveres, seres de natureza ctônica, portadores da morte. Os cinco planetas, as cinco montanhas sagradas, as cinco estações etc. correspondem aos cinco órgãos (fígado, coração, baço, pulmões, rins) e aos cinco sentimentos (raiva, prazer, concentração, tristeza, medo) etc.

Encontramos, nessa visão holística, os aspectos doutrinários elaborado por Lao-Tzu como contrapontos em relação a Confúcio. Enquanto Confúcio elaborou uma filosofia moral-social, a qual não transcende o plano horizontal da vida de cada dia, com o foco na educação e nas leis para preservar a sociedade, Lao-Tzu professou uma sabedoria de grande verticalidade. A doutrina de Confúcio era popular na China; Lao-Tzu, por sua vez, sofreu rejeição e era ridicularizado, tendo em vista que sua proposta era mais metafísica e mística. As três fases processuais que apresentamos anteriormente levaram Lao-Tzu a fazer a experiência espontaneamente das profundezas da alma cósmica, o que lhe possibilitou produzir a bela obra *Tao Te Ching*.

Para elaborar sua doutrina, Lao-Tzu se baseou na velha sabedoria do *I-Ching - O Livro das Mutações*, e com isso iniciou sua luta contra a religião popular. Conforme Wilhelm, com base nessa visão, Lao-Tzu "reconhecera que a essência do mundo não é uma condição estaticamente mecânica. O mundo está, portanto, condenado a morrer, porque, embora sendo verdade que nascimento e morte são opostos, um e outro estão, não obstante, forçosamente ligados" (Lao-Tzu, 2006, p. 126).

> A doutrina de Confúcio era popular na China; Lao-Tzu, por sua vez, sofreu rejeição e era ridicularizado, tendo em vista que sua proposta era mais metafísica e mística.

Assim, a vida e a morte se encontram em contínua transformação. A unidade se divide e se converte em duplicidade, a duplicidade se une e torna a ser unidade. Com essa compreensão, podemos afirmar que Lao-Tzu apresentou seu pensamento doutrinal observando os fenômenos da natureza em direção de três mudanças.

As três mudanças se encontram em campos distintos e, ao mesmo tempo, complementares. A primeira é a transformação cíclica, que remete à observação dos fenômenos da natureza. A segunda consiste no desenvolvimento progressivo, que está no interior da experiência humana. Por fim, a terceira se aplica tanto a fenômenos da natureza como aos da sociedade. Vamos analisar cada uma dessas mudanças a seguir.

3.4.1 Transformação cíclica

As transformações, em primeiro lugar, são observadas na natureza, com a mudança das estações. Porém, essas mudanças se encontram numa forma cíclica, dando a possibilidade de retorno à fase inicial. Sobre esse assunto, Wilhelm afirma:

> Assim, ao inverno sucedem-se a primavera, o verão e o outono, mas depois deste, vem outra vez o inverno e dessa forma, fecha-se o ciclo da mutação. Essas transformações cósmicas são o nascer e o pôr do sol, e durante os dias e os anos, as fases da lua minguante e crescente, as estações da primavera e do outono, o nascimento e a morte. (Lao-Tzu, 2006, p. 126)

Esse fluxo indica que nada é permanente na vida; ao mesmo tempo, tudo é dinâmico.

Isso pode ser explicado de forma simples com base no fato de que, quando temos alegrias, elas se constituem em sementes de sofrimento. Essa é uma experiência cíclica, "como uma roda girando entre as polaridades de estar bem e estar mal" (Samten, 2001, p. 26).

Na experiência humana, as oscilações entre o bem e o mal, entre a felicidade e a infelicidade, entre a saúde e a doença são indicadores das transformações e das passagens. Compreender isso e acolher essa experiência da impermanência é o segredo da felicidade.

3.4.2 Desenvolvimento progressivo

O aspecto progressivo pode ser compreendido com base na antiga metáfora de crescimento e declínio, fazendo referência à continuidade genética, ao progresso e ao desenvolvimento. Podemos afirmar que consiste no processo de acompanhar o crescimento evolutivo da natureza e da vida humana.

Contudo, o desenvolvimento proposto por Lao-Tzu tinha uma lógica diferente. Conforme Wilhelm,

> Um estado passa progressivamente a outro, mas a linha de desenvolvimento não retorna a si mesma; o progresso e o desenvolvimento prosseguem sempre com o tempo. Assim, os dias de um homem, embora incorporados ao grande ciclo das estações do ano, não são iguais; cada um contém a soma das vivências antecedentes acrescidas da vivência de cada novo dia. (Lao-Tzu, 2006, p. 127)

O desenvolvimento progressivo aponta para uma ideia de linearidade em que a sociedade, o ser humano e até mesmo a natureza caminham rumo à perfeição. Essa é a ordem evolutiva numa ordem ascendente, na qual não existe o retorno ao ponto de partida, como acontece no caso da cosmovisão cíclica.

3.4.3 Atuação da lei imutável nas mudanças

Segundo a lei da natureza, todos os fenômenos se manifestam de uma forma definida. De acordo com Wilhelm, "Ao observar os fenômenos entre o céu e a Terra, o homem sente o esmagador efeito de sua imponente grandeza, de seu peso, de sua desconcertante variedade e multiplicidade. Essa lei expressa que o princípio criador é a energia ativa e atua no tempo" (Wilhelm, 2006, p. 127).

Essas mudanças podem ser observadas na natureza, sendo que as quatro estações se modificam e se transformam continuamente, uma dando espaço para a outra, cumprindo a duração do tempo. Assim, a vida humana passa de um estágio para outro, obedecendo a seus ciclos de crescimento. Como explica Javary 1997, p. 27, a "mutação é a única lei imutável em todo o universo".

É uma regra muito simples e evidente quando observamos as mudanças de tempo, as passagens do sol à chuva, da chuva ao sol, da tempestade à serenidade etc. Tudo se encontra no fluxo eterno de transformação, como acontece na própria flutuação de nossa vida.

A mudança e a estabilidade parecem ser uma coisa durável, e essa é a qualidade essencial da mutação, em que tudo muda o tempo todo.

3.5 Contribuições de Lao-Tzu

A principal contribuição de Lao-Tzu, não somente para a China, mas para toda a humanidade, é sua obra *Tao Te Ching*. A grande quantidade de traduções divulgadas atualmente prova o aumento significativo da busca pelos ensinamentos de Lao-Tzu, inclusive no Ocidente.

"Segundo Lao-Tsé, o silêncio e o vácuo produziram o Tao, origem de toda ação e de todo ser; o homem compõe-se de dois princípios: um material e perecível, e outro espiritual e imortal, do qual voltará, após subjugar os prazeres dos sentidos e todas as paixões materiais" (Schlesinger; Porto, 1995, p. 1547). Embora o código moral de Lao-Tzu seja baseado no livre-arbítrio e na responsabilidade do indivíduo, o que impõe a caridade, a benevolência e a virtude em geral, o foco principal é a passividade. Assim, percebemos que uma das nobres contribuições de Lao-Tzu é o entendimento que se constrói ao redor dos conceitos de agir e não agir.

Nesses conceitos podemos identificar a filosofia, o misticismo e a transcendência, o que, muitas vezes, cria dificuldades para a compreensão. Como afirma Rohden, "somente quem vive e vivencia a silenciosa experiência de Lao-Tsé pode compreender a sua sapiência cósmica. Mais importante do que qualquer ato ego-consciente é a atitude cosmo-consciente" (Lao-Tsé, 2013, p. 8).

Uma das contribuições de Lao-Tzu para a vida contemporânea consiste na necessidade de, em primeiro lugar, compreender o caminho apresentado por ele e conquistar a harmonia e a ordem universal, o que garante a comunhão com a realidade que está ao redor. O ser humano contemporâneo se encontra envolvido em uma grande variedade de tarefas e compromissos que exigem uma gerência adequada.

Como explica Bob Messing (1992, p. 21),

> O gerente de hoje é um 'gerente de mudança' em uma sociedade que pode ser descrita como altamente dependente e concentrada em torno da tecnologia e de elevados padrões de mudança. Por isso, o gerente precisa desenvolver suas habilidades e seus dotes interiores para administrar a mudança influenciando sua taxa de incidência, direção e extensão.

Lao-Tzu entendia que o caminho para desenvolver tais habilidades se encontrava no interior de cada um. Portanto, pregava os ensinamentos para a vida simples, para a obtenção da paz absoluta pela completa submissão à natureza, cujos valores são a pureza, a calma, a simplicidade e a unidade.

SÍNTESE

Neste capítulo, abordamos a figura mais enigmática da antiga China, Lao-Tzu, que é vista por vezes como mítica e lendária, mas também como uma personagem histórica. O historiador chinês Si-ma Tsién forneceu dados relevantes sobre Lao-Tzu e que talvez sejam os mais autênticos de que se dispõe. O nome dado pela família era Li e, ao longo dos anos, adquiriu diversos títulos. *Lao* significa "criança", "jovem", "adolescente". *Tzu* é o sufixo de muitos nomes chineses e significa "idoso", "maduro", "sábio", correspondendo ao grego *presbyteros*, que significa literalmente "ancião, com a conotação de "maduro", "espiritualmente adulto. Ele era chamado de Velho Mestre, em razão de, conforme a lenda, ter ficado 82 anos no ventre de sua mãe e de ter nascido já com os cabelos brancos.

Analisamos as três fases de sua vida: na corte imperial, na floresta silenciosa e no anonimato. Enquanto cruzava a fronteira, um guarda pediu para ele deixar uma lembrança; em resposta, ele escreveu um manuscrito de 5 mil palavras, com 81 poemas, um livro chamado *Tao Te Ching*, que se tornou também conhecido no Ocidente. A doutrina que Lao-Tzu desenvolveu estava em contraposição com a de Confúcio, propondo a ideia de passividade ou de não agir.

ATIVIDADES DE AUTOAVALIAÇÃO

1. Qual era o nome verdadeiro de Lao-Tzu, fundador do taoismo?
   A] O nome verdadeiro de Lao-Tzu era Li Tan.
   B] O nome verdadeiro de Lao-Tzu era Confúcio.
   C] O nome verdadeiro de Lao-Tzu era Mêncio.
   D] Lao-Tzu tinha somente um único nome.
   E] Lao-Tzu tinha dois nomes: Buda e Mêncio.

2. Quais foram as três fases de vida de Lao-Tzu? Indique se as afirmativas a seguir são verdadeiras (V) ou falsas (F):
   [ ] A primeira fase se passou na corte imperial; a segunda, na região florestal; e a terceira, com sua família.
   [ ] A primeira fase se passou na corte imperial; a segunda, na região litorânea; e a terceira, com sua família.
   [ ] A primeira fase se passou na corte imperial; a segunda, na região florestal; e a terceira, em anonimato.
   [ ] A primeira fase se passou na corte imperial, e as outras fases também.

   Agora, assinale a alternativa que indica a sequência obtida:
   A] V, F, F, F.
   B] F, V, V, V.
   C] V, V, F, V.
   D] F, F, V, F.
   E] F, F, V, V.

3. Para Lao-Tzu, "o silêncio e o vácuo produziram o Tao, origem de toda ação e de todo ser; o homem compõe-se de dois princípios: um material e perecível, e outro espiritual e imortal" (Schlesinger; Porto, 1995, p. 1547). Qual seria o sentido dessa afirmação?
   A] O silêncio contemplativo produziu o Tao.
   B] O Tao é transcendente e, ao mesmo tempo, imanente e existe no meio dos dois um vazio que constrói a relação entre eles.
   C] O silêncio produz somente a ação e não compõe nenhum dos princípios.
   D] Lao-Tzu nunca fez essa afirmação.
   E] O Tao é transcendente e contemplativo.

4. Em que lugar Lao-Tzu escreveu sua obra *Tao Te Ching*?
   A] A pedido de um guarda, na fronteira da Índia, Lao-Tzu escreveu a obra *Tao Te Ching*.
   B] Ele escreveu a obra *Tao Te Ching* no palácio do imperador.
   C] Ele escreveu sua obra na região florestal, enquanto estava meditando.
   D] O *Tao Te Ching* foi escrito por Confúcio, e não por Lao-Tzu.
   E] Ele escreveu a obra *Tao Te Ching* em sua casa.

5. A compreensão cíclica da transformação é observada na natureza. Assinale a afirmativa correta:
   A] O inverno é sucedido pela primavera, pelo verão e pelo outono, mas depois deste vem outra vez o inverno e, dessa forma, fecha-se o ciclo da mutação.
   B] Os opostos que existem em tudo fazem parte da mutação, mas sempre são lineares.
   C] Vistos na vida e na morte, na luz e na escuridão, mas sempre se encontram distante de um e do outro.
   D] O processo cíclico é contemplado somente pelas religiões indianas, não chinesas.
   E] O processo cíclico é contemplado nas regiões do Oriente Médio, onde surgiram as grandes religiões.

Atividades de aprendizagem

Questões para reflexão

1. Faça uma caminhada silenciosa em meio à natureza e, se for possível, perto de uma cachoeira, onde você poderá observar "o eterno fluir das coisas" na água. Com base nessa experiência, busque boas memórias pessoais de seu passado. Conforme os taoistas, a cachoeira favorece essa contemplação e esse reconhecimento.
2. Em seguida, permaneça em silêncio, buscando trazer à sua memória "o eterno fluir das coisas" na natureza.

Atividade aplicada: prática

1. Visite um asilo e observe as pessoas de idade, frágeis, que necessitam da assistência dos outros, inclusive para andar, sentar, comer e realizar outras atividades. Sente-se numa cadeira e imagine que essas pessoas passaram pelas experiências de infância, adolescência, juventude, vida adulta e, agora, encontram-se frágeis. Tente vincular essa experiência aos ensinamentos do taoismo, em que tudo é visto como impermanente, "o eterno fluir das coisas".

TAO TE CHING – O LIVRO DO CAMINHO

Todas as grandes tradições religiosas apresentaram e preservaram seus conteúdos inicialmente na forma oral e, em seguida, na forma escrita. Porém, a história do desenvolvimento do taoismo parece ser peculiar, pois seus conteúdos encontram-se preservados em símbolos e imagens, os quais não são fechados em si, mas carregam as sementes da abertura e, ao mesmo tempo, da acomodação.

Esses elementos estão refletidos de forma não doutrinária em três grandes obras: o *Tao Te Ching*, o *Chuang Tzu* e o *I-Ching*. O mais conhecido desses livros, o *Tao Te Ching*, influenciou o pensamento chinês com sua rica simbologia e suas alegorias, alusões e sugestões ao apresentar o *Tao*, o caminho para a harmonia. O livro *Chuang Tzu* foi mais adiante, buscando resolver a posição do homem em relação à natureza. O terceiro livro, o *I-Ching – O Livro das Mutações*, apresentou as práticas com a lista de possibilidades, mas nunca dando uma instrução definitiva. Em virtude de sua complexidade e de sua importância, o conteúdo da obra *I Ching* será tratado no próximo capítulo.

O objetivo neste capítulo é apresentar os aspectos principais do *Tao Te Ching* e a filosofia que essa obra propõe para a vida. Sem dúvida, o conteúdo e toda a metafísica do *Tao Te Ching* se baseiam fundamentalmente na intuição, inacessível à fixação rigorosa de noções. Portanto, examinaremos as origens dessa obra e, logo em seguida, buscaremos esclarecer os significados das palavras *Tao, Te e Ching* separadamente, para elucidar os principais pontos de seus escritos e sua relação com a filosofia e a religião.

4.1 A autoria e as origens

O nome *Tao Te Ching* é atribuído a um livro. Separadamente, as palavras *Tao* e *Te* significam "ordem do mundo"; e "força vital", respectivamente. Estes são antigos conceitos chineses que foram reinterpretados por Confúcio.

A autoria do Tao Te Ching é atribuída a Lao-Tzu, mas existe também a crença de que ele compilou os pensamentos de diversos autores da China antiga. Como consta no *Dicionário enciclopédico das religiões*, "a obra é atribuída a Lao-Tzu, chamado de Velho Mestre, que viveu no século VI a.C., mas outros cientistas da religião pensam que é de autoria de um quietista anônimo do século IV ou III a.C., apesar de que possa conter material mais antigo (Schlesinger; Porto, 1995, p. 2467). No entanto, nenhum desses dados é de fato aceito por todos os autores e estudiosos, havendo certo desconforto em relação a evidências claras que possam garantir a existência do mestre.

Todavia, ao longo da obra, buscamos afirmar a existência e a autoria de Lao-Tzu, considerando o livro descrito como "o Clássico do Caminho e seus Poderes" como uma compilação da tradição oral existente sobre o *Tao*.

4.2 Conteúdo do *Tao Te Ching*

Texto central do taoismo, o *Tao Te Ching* é um pequeno livro escrito em uma linguagem poética, basicamente intuitiva, que prega "a submissão, a flexibilidade e a profunda autopercepção" (Toropov; Buckles, 2004, p. 286). Os conteúdos são apresentados com base em símbolos e imagens, distribuídos em 81 (um número mágico) capítulos curtos (Schlesinger; Porto, 1995).

O *Tao* é indefinível e incompreensível, apesar de ser a mãe de 10 mil coisas visíveis. O sábio se empenha na atividade sem ação (*Wu-Wei*) e ainda age sobre todas as criaturas. Ele busca o vazio e a quietude, não necessita de moralidade e ainda evita guerras e armas (Schlesinger; Porto, 1995, p. 2467).

O *Tao Te Ching* é "um texto sintético incisivo, por vezes obscuro; o estilo é grave, carregado de um sentido de mistério, com passagens fulminantes e herméticas, interpretadas das mais diversas maneiras" (Raveri, 2005, p. 162). Parece, por vezes, estar fora do tempo e da história, pois não existem datas ou referências a fatos ou pessoas historicamente definidos.

Esse livro, considerado como

> o documento básico do pensamento taoísta, [...] é uma obra de notável precisão; em comparação com os longos textos da maioria dos sistemas de crenças do mundo, é uma obra de grande compressão. Os curtos fragmentos de que se compõe são peças de grande sutileza e complexidade, confiando mais na sugestão do que na descrição e levantando mais questionamentos do que fornece as respostas. Às vezes conhecido como o livro de cinco mil caracteres. (Adkinson, 1996, p. 15, tradução nossa)

A obra apresenta o ideal do sábio taoísta com uma visão fundada na serenidade interior, exaltando "a espontaneidade, o recolhimento, a não ação (Wu-Wei) e nega os valores tradicionais, tão fixos na racionalidade e caracterizados por tamanha pompa em seu moralismo" (Raveri, 2005, p. 163). A escrita do *Tao Te Ching* remete ao contexto da ordem política da China. Lao-Tzu questionou a sabedoria dos governantes, pois ele mesmo estava desiludido com a forma de governança. Lao-Tzu estava "tão frustrado que ele considerou que o conhecimento em si é uma maldição e um exercício de futilidade" (Sahayam, 2010, p. 136). Por isso, o tratado *Tao Te Ching* também é chamado de *O caminho e seu poder*, constituindo-se em uma exposição dos caminhos e dos meios para preservar valores e virtudes.

O texto exprime um "rigoroso relativismo e por isso seu ensinamento segue ostensivamente uma lógica de paradoxo. Joga com uma linguagem ambígua, consciente de que a realidade última do dão [*Tao*] está além das palavras" (Raveri, 2005, p. 163). Como observa corretamente Fritjof Capra (1990, p. 84), "a mente chinesa não era dada ao pensamento lógico abstrato e desenvolveu uma linguagem bastante diversa daquela que acabou por se desenvolver no Ocidente".

Considerando-se que uma grande parte do conteúdo do taoismo se baseia nesse livro, é necessário analisar separadamente as três palavras que compõem o título: *Tao*, *Te* e *Ching*.

4.2.1 *Tao*

O primeiro problema que enfrentamos em relação à palavra *Tao* é sua tradução, pois o próprio Lao-Tzu designou esse nome para explicar algo mais complexo e misterioso. "Desde o início, houve divergência de opiniões quanto à tradução correta dessa palavra. 'Deus', 'caminho', 'razão', 'verbo', 'logos', são algumas traduções propostas enquanto parte dos tradutores simplesmente leva o *Tao* para as línguas europeias, sem traduzi-lo" (Wilhelm, 2006, p. 22).

A palavra chinesa *Tao* parte do sentido de "caminho" e é compreendida como "a fonte e a garantia de tudo o que existe neste ou em qualquer outro universo – o que quer dizer que o *Tao* é o 'não produzido Produtor de tudo o que existe'" (Bowker, 1997, p. 88). Com base nessa visão se ampliou a direção e outros rumos. Ele não é uma divindade pessoal que sempre existiu, inclusive anterior ao céu e à terra.

Então surgiu a questão da escolha – ou do reconhecimento – do caminho por parte do ser humano. É o caminho cósmico, pois a característica principal do *Tao* é a natureza cíclica de seu movimento e sua mudança incessante. Essa ideia deriva, sem dúvida, dos movimentos do Sol e da Lua e da mudança das estações, mas também era tida como uma regra de vida. Os chineses acreditavam que, quando uma situação se desenvolvia até chegar a um ponto extremo, era forçada a, logo em seguida, voltar ao ponto oposto. Como sentencia o ditado popular, "depois da tempestade vem a serenidade".

> A característica principal do *Tao* é a natureza cíclica de seu movimento e sua mudança incessante.

Essa forma de ver a vida motivava os seres enfrentar suas dificuldades cotidianas, tanto no sucesso como no fracasso. Como explica Capra (1990, p. 86), o retorno é o movimento do *Tao*, e afastar-se significa retornar. Essa ideia é a de que a evolução que ocorre na natureza, seja no mundo físico, seja nas situações humanas, apresenta padrões cíclicos de ida e vinda, de expansão e contração.

Os chineses se expressam numa linguagem bastante adequada às questões referentes à cultura, à emoção, à natureza, à ação correta e ao misticismo, por meio de reflexões e escritos. Porém, seus escritos envolvem provérbios ricos em símbolos e imagens sugestivas. Isso acontece no caso do *Tao Te Ching*; "a tradução [...] somente pode transmitir uma pequena parcela do rico complexo de ideias contidas no original; por esse motivo, as diferentes traduções desse controvertido livro parecem ser, com frequência, textos completamente diferentes" (Capra, 1990, p. 85).

Os chineses acreditavam na existência de uma realidade última, que é subjacente e que unifica todas as coisas e todos os fatos observados empiricamente pelos seres humanos. "Existem três termos – 'completo', 'abrangente' e 'o todo'. Esses nomes são diferentes, mas a realidade que se procura neles é a mesma: refere-se à coisa Única" (Capra, 1990, p. 85). Essa realidade é denominada *Tao*, apontando para o caminho, mas o caminho dinâmico, é o processo do Universo, a ordem da natureza. Pode ser o *Tao* do homem, ou o *Tao* da sociedade humana, um modo correto de vida, num sentido moral (Capra, 1990, p. 85). Podemos compreender que o próprio *Tao* é o processo cósmico e que nele se encontra o fluxo de mudanças. Em outras palavras, o *Tao* é dinâmico com os movimentos em todas as direções.

Além disso, o fluxo das mudanças existe não somente nos elementos da natureza; nessas mudanças existem certos padrões constantes que acompanham o fluxo. Conforme Capra (1990, p. 85), "o sábio reconhece esses padrões e dirige suas ações de acordo com eles. Desse modo, ele se torna 'Uno com *Tao*', vivendo em harmonia com a natureza e logrando sucesso em tudo aquilo que busque levar a cabo".

Um dos símbolos mais próximos ao *Tao* é o *Tei-gi*, que os sinólogos definem como *Tao*, o Absoluto, o Infinito, a Essência, a Suprema Realidade, a Inteligência Cósmica ou o Puro Ser. Esse símbolo se constitui em grande círculo, totalmente vazio em seu interior. Nesse círculo vazio, os mestres chineses encontraram as pistas para desenvolverem toda a filosofia de vida e o misticismo. Com base nesse círculo foram desenvolvidos os símbolos *yin* e *yang* e todo o pensamento chinês. Enquanto o círculo vazio representa o *Tao*, o Absoluto, os símbolos *yin* e *yang* são considerados como relativos, opostos e, ao mesmo tempo, complementares, vistos como masculino e feminino, positivo e negativo, céu e terra etc. Esses elementos opostos amadurecem na síntese rumo ao círculo vazio inicial, integrando-se nela sem se diluírem. Esse jogo perene acontece entre os opostos e, por sua vez, com o círculo vazio tentando manter a síntese do cosmos.

O *Tei-gi* simboliza a quintessência da filosofia de Lao-Tzu, o alfa e o ômega do *Tao* e da mentalidade chinesa, céu e terra, os dois princípios básicos formadores de toda a vida. Na vida do ser humano, o "céu" é o ápice da cabeça, desce pela coluna e se encontra, no ventre, com a energia "terra", a qual, por sua vez, entra pelo períneo. Do encontro dessas duas energias nasce o ser humano e a possibilidade da vida inteligente.

O corpo humano é fundamental para a análise do *Tao*, vinculado ao símbolo de *yin* e *yang*. Conforme a tradição taoista, a barriga é a parte central e mais importante no corpo humano, pois é na barriga que se localiza o *tanden*, o centro de equilíbrio físico e de confluência da energia dos dois polos opostos. Ali os dois tipos de energia se organizam formando o sol, irradiador básico de energia. Além disso, na barriga se encontra o ventre, onde está a origem da vida humana. Pensar com o ventre significa voltar à forma original, ou à forma mais pura de pensar. Esse pensar é conectado com suas forças mais íntimas e legítimas.

Outras duas partes corpo que fazem parte da compreensão do *Tao* são a cabeça e os pés. Por *cabeça* podemos entender algo relativo à consciência; por *pés* ou *caminhar*, algo como ir deixando os rastros para trás. Assim, o *Tao* é estado de consciência dinâmica e nele se encontra uma relação consciente e dinâmica com a vida. Lao-Tzu reconhece dois estados da vida cotidiana:

o de atividade e o de repouso. Quando se fala em relaxamento ou repouso, normalmente se pensa na ideia de deitar, dormir, sonhar e, assim, entrar em um estado de inconsciência. Quando se fala em fazer algo, normalmente se pensa na ideia de correria, tensão e atividade. Fazemos tudo o que podemos e sem parar para buscar compreender o que fizemos. Mais uma vez, cai-se em um estado tão inconsciente quanto o anterior (Messing, 1992).

Tendo compreendido esse processo da vida cotidiana, Lao-Tzu sugeriu por meio do *Tao* uma filosofia em que se propõe um terceiro estado. É o de estar ativo enquanto se está relaxado e, por isso, consciente: a ação por meio da não ação. Com base na compreensão das polaridades *yang* e *yin*, céu e terra, cabeça e pés que caminham, dia e noite, quente e frio, às quais costumamos estar inconscientemente subjugados, o *Tao* propõe um condicionamento dos conceitos culturais que nos impedem de enxergar a realidade tal qual ela é.

Numa forma literal, o *Tao* é visto como a mais antiga das doutrinas, o mistério além dos mistérios, que literalmente significa "o caminho"[1]. Quando se fala em *Tao* como caminho, isso remete aos três sentidos.

Primeiramente, o *Tao* é o caminho da realidade última. Esse *Tao* não é percebido ou sequer imaginado claramente, pois é demasiado vasto para que a racionalidade humana possa sondá-lo.

Em segundo lugar, o *Tao* é o caminho do Universo, pois ele também é imanente. Podemos compreender que ele é "a norma, o poder, propulsor de toda a natureza, o princípio ordenador por trás de toda a vida. Por trás, mas também no meio de toda a vida, pois quando o *Tao* entra neste segundo modo, ele 'assume carne' e dá forma a todas as coisas" (Smith, 1991, p. 195).

---

[1] Também pode ser traduzido como "lei", "doutrina" ou "princípio de ordem".

No terceiro sentido, o *Tao* se refere ao caminho da vida humana. Isso existe quando a vida humana harmoniza profundamente com o *Tao* do Universo.

> Quando afirmamos o *Tao* como caminho, podemos perceber também que ele designa um método ou um estilo de vida na perspectiva de outras tradições religiosas. Por exemplo, no confucionismo, o *Tao* tem um caráter basicamente ético; no budismo, constitui o caminho do meio; no taoismo, adquire um significado místico. Mais tarde, passou a ser conhecido numa forma universal, o *Tao* como o caminho que inclui todas as coisas.

O *Tao* explica todos os fenômenos, mas estes podem ser compreendidos somente por meio dos símbolos: a água corrente, o ato sexual, os pontos energéticos do corpo[2] ou o vale e as montanhas. Nessa forma, o *Tao* é visto como o princípio universal, a origem e o fim de todas as coisas; é a unidade imutável subjacente à pluralidade dos fenômenos, é a síntese dos polos opostos, do *yin* e do *yang*. Um taoista pode encontrar nesses símbolos dinâmicos uma profunda comunhão.

4.2.2 *Te*

O segundo elemento do livro é a palavra *Te*, que pode ser traduzida como "força" ou "virtude". Ele atua como a força do *Tao*, tanto no processo da criação como no da conservação daquilo que foi criado. Em outras palavras, o *Te* atua em todos os fenômenos da natureza. Mas *Te* não é uma virtude no sentido moral ou de ética correta do Ocidente: é uma virtude inata do mundo e de suas propriedades.

---

2   Os pontos energéticos do corpo são comumente conhecidos como *chakras*. A descoberta e o desenvolvimento desses pontos se devem à filosofia indiana; portanto, estão associados à seara do hinduísmo. Mais tarde, percebeu-se que a China também teria desenvolvido o mesmo pensamento, mas de modo diferente. A filosofia indiana deu ênfase somente ao corpo do ser humano, enquanto os chineses viam todo o conjunto do Universo.

À medida que o adepto taoista busca compreender essas forças inatas do mundo, o mundo vai revelando a natureza e a vida do adepto.

O verdadeiro *Te* é uma força natural e simples, com a qual o ser humano vai lidar com seus negócios práticos, depositando seus desejos e suas aspirações em sintonia com a ordem natural. Como se fosse uma folha seca colocada no riacho e que acompanha a correnteza da água, o ser humano deve seguir o caminho natural da ordem da natureza. Uma vez construída uma barragem no riacho, o caminho natural é interrompido, o que provoca a desordem natural das coisas.

O *Te* também é visto como viver bem, sem estresse e com o pleno gozo das faculdades mentais e físicas do ser humano. A paciência e o respeito devem ser aplicados para o tratamento do corpo, mas não necessariamente pelo seguimento de regras tradicionais, da medicina convencional ou do controle dietético.

> O taoista de verdade vai aprender cuidadosamente da experiência individual e a forma simpática observação do mundo ao redor; a literatura taoista apresenta múltiplas alusões aos padrões de comportamento dos mundos naturais – mamíferos, insetos, répteis, plantas, as propriedades do vento e da água. O homem superior não precisa levar uma vida ascética, preservando o equilíbrio, ele terá prazer em todos os tipos de experiência. (Adkinson, 1996, p. 35, tradução nossa)

4.2.3 Ching

Na antiga ortografia chinesa, *Ching* é o nome geral dado a todas as obras mais importantes da China antiga – neste caso, aos livros clássicos. Esse termo pode designar também alguns livros estranhos à reflexão filosófica chinesa, como o *Nei Ching*, que é o livro mestre da medicina chinesa. O significado do ideograma *Ching* é "trauma", "regra", "norma" ou "experiência.

Dessa forma, podemos presumir que *Tao Te Ching* é o caminho natural para manter a harmonia com a ordem universal. Em uma das edições do livro em português, já na quarta capa consta uma pequena síntese:

> O *Tao Te King*, obra de Lao-Tzu, a mais alta expressão do pensamento chinês, constitui por si só um completo sistema filosófico, dotado de uma Metafísica, que entrevê e descreve no Tao a causa primeira, o bem supremo do Universo; de uma Moral, que indica ao homem o caminho para alcançar o seu próprio fim; e de uma Política, que mostra aos governantes a estrada que estes devem percorrer para o progresso e o bem do povo. (Lao-Tzu, 2006, quarta capa)

Alguns compartilham da seguinte opinião:

> "cem anos para cá, nenhuma outra obra chinesa atraiu tanto a atividade dos tradutores como o *Tao Te King*. O caráter enigmático e incompreensível do texto proporciona tanto em que pensar e refletir. E visto ser ele uma obra cuja compreensão tampouco se encontra com muita frequência entre os eruditos chineses, o ânimo do sinólogo incipiente costuma crescer em face da tarefa". (Wilhelm, 2006, p. 8)

Esse caminho endossa uma versão espiritualizada de imortalidade, vista como emergente de uma vida harmoniosa e natural em que se dá pouca importância ao ganho material.

4.3 Compreensão da transcendência no taoismo

Depois de apresentar o *Tao Te Ching* de uma maneira detalhada, é necessário esclarecer a dimensão da transcendência no taoismo, que contempla uma concepção absolutamente transcendente e radicalmente imanente. Para os taoistas, o caminho se estabelece pela via do céu, através do qual é possível distinguir outras vias, que são os caminhos traçados pelo vaivém dos seres humanos. A via se manifesta por sua virtude e, assim, o real ou invisível se manifesta. Como explica Claude Larré (1979, p. 56),

> é o Real como o podemos perceber e afirmar, quando somos um ser-no-mundo. É a regra do agir e, ao mesmo tempo, o movimento misterioso do "Retorno" de tudo aquilo que é provisoriamente estilhaçado em dez mil seres. A via é transcendente, impenetrável, inefável... A transcendência da via não constitui obstáculo à intimidade com a via. O homem se relaciona com ela como um bebê com sua mãe: e sua intimidade é tanto maior quanto mais desaparecem da consciência as diversas distinções mentais, numa como que inconsciência, que não seria justo denominar consciência do grau inferior.

Podemos compreender que, se a via é o caminho, a virtude é produzida ao longo do caminho. Por vezes, podemos entender também a via e a virtude como céu e terra, transcendência e imanência ou podemos afirmar que um projeto de construção de prédio é imanente e, ao mesmo tempo, transcendente. Quando realizado o projeto na perfeição, podemos encontrar a melhor transcendência e também a imanência absoluta.

4.4 O sentido religioso do não agir

A dimensão do não agir é vista como aquelas que faz constantemente o jogo entre a transcendência e a imanência, preservando certa distância entre elas, o que os chineses compreendem como o vazio, que, de fato, faz a intermediação entre as duas. Assim, é necessário compreender o que é a transcendência e o que é imanência para os taoistas.

Conforme Larré (1979, p. 59), "a Transcendência, para os taoistas, exprime uma presença (divina) que supera o homem e o próprio Céu; e que de modo semelhante, a Imanência é, para eles, uma presença (divina) mais íntima ao homem que seu próprio coração e que o abismo das fontes terrestres de onde vêm as suas essências e o seu querer ser".

O que caracteriza o pensamento chinês é a capacidade de costurar o nó entre as contradições, ou perceber o momento exato das tendências antagônicas, a reunião que permite àqueles que tentam unir-se, encontrar-se e encontrar a vida. O espaço entre esses encontros ou entre as contradições é chamado de *vazio*, o *Tao*, que com suas movimentações ativas costura os dois lados opostos. Assim, podemos perceber que "Transcendência e Imanência – aspectos antagônicos do Real que sempre nos supera – são o agir da não interferência: o agir do não agir, o *wei wu wei*" (Larré, 1979 p. 59).

Podemos compreender que a relação entre o céu e a terra, ou transcendência e imanência, é tão íntima que é difícil perceber a diferença, pois o agir revela a presença do não agir. Também essa dimensão é vista com base na justificação de Joseph Needham, que aproveitou a citação de *Chuang Tzu*: "a não ação não significa nada fazer e permanecer silencioso. Deixe que tudo ocorra como deve naturalmente ocorrer, de tal forma que sua natureza seja satisfeita" (Needham, citado por Capra, 1990, p. 93).

Essa ideia evidencia que o caminho da natureza é intuitivo e harmonioso sem interferências externas. O caminho de não ação proposto por Lao-Tzu é nada mais do que isso. Quando o ser humano caminhar de uma forma natural, sem interferências externas, conseguirá realizar todos os seus desejos.

4.5 Chuang Tzu

Enquanto analisamos o *Tao Te Ching*, é fundamental também mencionar Chuang Tzu (369 a.C.-286 a.C.) e sua contribuição para compreender o *Tao* e sua relação com o mundo cotidiano. Chuang Tzu era considerado um dos expoentes da filosofia taoista pela qualidade da observação da vida diária, além de certo humor cativante e uma apresentação de ricas imagens. O conteúdo do pensamento desse autor abrange o universo das relações do ser humano com a natureza: água, montanha, nuvens etc. Tudo isso é um produto direto de sua concepção e da observação da natureza. A natureza é compreendida, por um lado, como espontaneidade e, por outro, como um estado de fluxo constante e transformação incessante. Nessa forma de ver reside a semente da sabedoria, na qual não há distinção entre sujeito e objeto, entre realidade e irrealidade.

Existem inúmeras historinhas que apresentam as relações naturais que levam à tranquilidade. Por exemplo, conforme Chuang Tzu, um ancião era visto pelos discípulos de Confúcio nadando numa correnteza muito forte e, de repente, ele desapareceu. Os discípulos de Confúcio tentaram resgatá-lo, mas o ancião voltou às beiras sem ser ajudado por qualquer pessoa. Quando perguntado como conseguiu realizar isso, o ancião respondeu: "eu simplesmente me deixei conduzir pela correnteza no rio". A filosofia do autor indica que o verdadeiro adepto taoista molda seus sentidos, seu corpo e sua mente até que se unam inteiramente ao fluxo (correnteza) do Universo.

Com relação ao transcendente e ao imanente, ou ao agir e ao não agir, Chuang Tzu parece transcender o universo mundano. No entanto, ele está sempre presente na própria profundeza da vida diária. O ser humano, com a pureza no coração, torna-se companheiro da natureza e não tenta interferir em seu fluxo natural –

até mesmo considera a vida boa, pois essa é a única maneira de encarar a morte como boa. Logo, é importante observar a natureza com a absoluta emancipação espiritual e paz. Isso é alcançado por meio do conhecimento da capacidade e das limitações de sua própria natureza, alimentando-a e adaptando-a ao processo universal de transformação.

Há um conto atribuído a Chuang Tzu que aborda a dimensão da não interferência:

> Havia um homem que não gostava de ver sua sombra nem suas pegadas. Para escapar delas, corria, corria, e quanto mais corria, mais pegadas surgiam no chão e com mais facilidade a sombra o perseguia. Pensando que isso acontecia porque estava indo devagar demais, acelerou o ritmo e saiu desembestado, campo afora, até que caiu de exaustão e morreu. Se tivesse ficado quieto, não haveria pegada alguma. Se tivesse parado tranquilo sob uma sombra, a sua própria sombra teria desaparecido. (Leloup; Boff, 2011, p. 95)

Assim, o próprio Chuang Tzu afirmou apontando a relação do homem com a natureza:

> Sozinho ele (homem) se associa aos Céus e Terra e espírito, sem abandonar ou desprezar as coisas do mundo... Com relação ao essencial, ele é amplo e abarcante, profundo e irrestrito. Com relação ao fundamental, ele poderá ser considerado como tendo harmonizado todas as coisas e penetrado o mais alto nível... (Cohen).

É interessante notar a atitude de Chuang Tzu quando sua esposa faleceu: não apresentou a devida tristeza, mas estava cantando e tocando o tambor. Para ele, a vida e a morte eram fatos de constante sucessão, como acontece com o dia e a noite na natureza – sempre estão fora da interferência do ser humano. Como expõe Nissin Cohen (1983, p. 47): "Então com o tempo veio a transformação e no bojo da massa desenvolveu-se o espírito, do espírito desenvolveu-se a forma, da forma desenvolveu-se a vida, e agora da vida por sua vez, desenvolveu-se a morte. Porque não só a Natureza mas o ser humano também tem as suas estações, sua sequência de primavera e outono, verão e inverno".

Pesquisadores confirmaram que alguns textos de Chuang Tzu são mais acessíveis do que outros, pois apresentam certa clareza sobre a via ou o caminho. Esse sábio observou a doutrina do agir e não agir, "no admirável aparecimento visível no mundo fenomenal e do inteligível no mundo essencial" (Larré, 1979, p. 57). De fato, no nível do caminho ou da via, não se percebe a diferença entre o fazer e o deixar de fazer, entre o agir e o não agir. Assim, Chuang Tzu aperfeiçoou o pensamento de Lao-Tzu do não agir vinculado ao processo da natureza.

Síntese

Atribui-se a criação do taoismo a Lao-Tzu, que também é o autor do *Tao Te Ching*, obra que, por vezes, é chamado de *Livro da razão suprema*. Podemos afirmar que o *Tao Te Ching* é a principal fonte do taoismo. Mais tarde, Chuang Tzu também reuniu os fragmentos datados dos séculos IV a.C a I a.C. O *Tao Te Ching* é um pequeno tratado de cerca de 5 mil palavras, concebido como um guia para os governantes, que oscila entre os conteúdos de introspecção meditativa e os de aplicação política. Para interpretar seu texto hermético, foram escritos numerosos comentários.

O *Tao* é o conceito fundamental tanto do taoismo quanto do confucionismo, pois é o princípio universal, a origem e o fim de todas as coisas; é a unidade imutável subjacente à pluralidade dos fenômenos, é a síntese do *yin* e do *yang*. O *Tao* existe por si só, não tem forma, mas é perfeito; é experimentado apenas em êxtase místico. O *Te* é a manifestação do *Tao* em todas as coisas. *Ching* é o nome dado a todas as obras mais importantes da China antiga.

Nesse sentido, o *Tao Te Ching* é considerado um dos textos mais importantes para compreender o pensamento religioso chinês. Passaram-se mais de 2.500 anos desde seu surgimento, e o livro ainda é capaz de suscitar fortes efeitos diretos sobre a vida humana, sendo que suas imagens são totalmente elementares.

Atividades de autoavaliação

1. Qual é a concepção do *Tao* apresentado em *Tao Te Ching*?
   A] O *Tao é* apresentado como aquele que absolutamente transcendente.
   B] O *Tao* é apresentado como absolutamente transcendente e radicalmente imanente.
   C] O *Tao Te Ching* não apresenta a ideia do *Tao*.
   D] O *Tao* é apresentado como divino.
   E] O *Tao* é apresentado como imanente.

2. Pela a cultura chinesa, o *Tao* é considerado o mistério além dos mistérios. Assinale com V (verdadeiro) ou F (falso) as seguintes afirmativas:
   [ ] *Tao* também pode ser traduzido como "divino" e compreendido como uma força maior da natureza que sempre rege a vida das pessoas.
   [ ] *Tao* pode ser compreendido como *Tei-gi*, que quer dizer *yin* e *yang*. Pode ser compreendido por meio do jogo dinâmico desses dois polos.
   [ ] *Tao* também pode ser traduzido como Lao-Tzu, o fundador do taoismo, e compreendido na meditação com a natureza.
   [ ] *Tao* é uma divindade como Lao-Tzu; portanto, o fundador não podia falar sobre ele.

Agora, assinale a alternativa que indica a sequência obtida:

A) V, F, F, F.
B) F, V, V, V.
C) V, V, F, F.
D) F, V, F, V.
E) F, F, V, V.

3. As três grandes obras do taoismo são: *Tao Te Ching*, *Chuang Tzu* e *I-Ching*. Cada uma delas apresenta conteúdos próprios. Sobre isso, assinale a afirmativa correta:

A) O primeiro livro, *Tao Te Ching*, com sua rica simbologia e alegorias, introduz o *Tao*, o caminho da harmonia. O segundo, *Chuan Tzu*, preocupa-se somente com a meditação. O terceiro livro, *I-Ching - O Livro das Mutações*, apresenta as práticas com a lista de possibilidades.

B) O taoismo teve quatro obras: *Tao Te Ching*, *Chuang Tzu*, *I Ching* e *Lao-Tse*. O primeiro livro, com sua rica simbologia e alegorias, introduz o *Tao*, o caminho da harmonia. O segundo, *Chuan Tzu*, tenta resolver a posição do homem em relação à natureza. O terceiro livro, *I-Ching - O Livro das Mutações*, apresenta as práticas com a lista de possibilidades, e o quarto era o livro da meditação.

C) O primeiro livro, *Tao Te Ching*, com sua rica simbologia e alegorias, introduz o *Tao*, o caminho da harmonia. O segundo, *Chuan Tzu*, tenta resolver a posição do homem em relação à natureza. O terceiro livro, *I-Ching - O Livro das Mutações*, apresenta as práticas com a lista de possibilidades.

D] O primeiro livro, com sua rica simbologia, apresenta o caminho da natureza. O segundo, *Chuan Tzu*, tenta resolver a posição do homem em relação à natureza. O terceiro livro, *I-Ching - O Livro das Mutações*, apresenta as práticas com a lista de possibilidades.

E] O primeiro livro, *Tao Te Ching*, com sua rica simbologia e alegorias, introduz o *Tao*, o caminho da harmonia. O segundo, *Chuang Tzu*, tenta resolver a posição do homem em relação à natureza. O terceiro livro, *I-Ching - O Livro das Mutações*, apresenta nenhuma novidade em relação à religião.

4. O que caracteriza o pensamento do *Tao Te Ching* é a capacidade de costurar o nó que existe entre as contradições, ou perceber o momento exato das tendências antagônicas, e quem costura esse nó é o vazio compreendido como não agir, que também, de fato, é o agir. Sobre essa afirmação, podemos afirmar que ela:

A] é controversa.
B] está incorreta.
C] deve ser desconsiderada.
D] está correta.
E] deve ser modificada.

5. O sentido religioso do não agir está expresso corretamente em qual das afirmações a seguir?

A] A transcendência e imanência – aspectos antagônicos do Real – são o agir da não interferência: o agir do não agir.
B] A transcendência e imanência são realidades do agir.
C] A transcendência não tem qualquer relação com a imanência.
D] O sentido religioso não existe no taoismo.
E] A transcendência, no taoismo, é filosófica.

Atividades de aprendizagem

Questões para reflexão

1. Pesquise algumas tradições religiosas cujos textos abordem o bem-estar com a vida e com a integração do ser humano com a natureza. Descubra nesses textos quais são as posturas ecológicas que as tradições religiosas elaboraram. Para facilitar a pesquisa, consulte informações diversas sobre a Campanha da Fraternidade 2007, da Conferência Nacional dos Bispos do Brasil (CNBB), que tem como tema o cuidado com a Amazônia.

2. Em um segundo momento, escreva dois parágrafos sobre a pesquisa realizada para o item anterior e apresente os aspectos mais importantes que foram abordados sobre a relação do ser humano com a natureza. Em seguida, elabore uma carta aos governantes de sua região, com suas propostas para a vida sustentável, destacando a importância dos relacionamentos entre as espécies, sem deixar de lado o foco nos relacionamentos entre os seres humanos.

Atividade aplicada: prática

1. Visite uma floricultura, escolha algumas mudas de flores e plante-as num vaso ou num jardim, seja da escola, seja de sua casa. Cultive a prática de cuidar dessas plantas para sentir sua sintonia com as flores e, assim, com a natureza. Perceba que você está cuidando da Casa Comum, promovendo a ecologia integral, que é a proposta do taoismo.

I-CHING – O LIVRO DAS MUTAÇÕES: IDEOGRAMA DO *YIN-YANG*

A China é conhecida pela sua sabedoria milenar, a qual era, a princípio, apresentada como um guia de comportamento e de conduta destinado a governantes, administradores e dirigentes dos impérios. Com o surgimento de diversos líderes, tanto religiosos como políticos, a sabedoria também foi aplicada ao âmbito familiar. É mais provável que tenha se desenvolvido como tradição oral, transmitida como sabedoria folclórica ao longo dos séculos, foi preservada, interpretada e aplicada na organização da sociedade.

Nesse contexto, destaca-se a importância do *I-Ching – O Livro das Mutações*. Essa obra, originalmente, teria sido transmitida por Lao-Tzu, mas sua origem remete aos tempos mais remotos, mais de 20 séculos antes de Cristo.

Apresentar essa obra não é uma tarefa fácil, tendo em vista que seus símbolos e seus ideogramas dificultam o processo de interpretação. Apesar de ser anterior ao *Tao Te Ching*, o *I-Ching* também é considerado uma das obras mais importantes do taoismo. Neste capítulo, examinaremos o contexto da origem dessa obra e abordaremos os ideogramas e a filosofia do *yin* e do *yang*, que é conhecida e procurada pelo Ocidente.

5.1 Trilhando pelas fontes históricas do *I-Ching*

O *Livro das Mutações*, ou *I-Ching*, é uma obra complexa que cresceu organicamente no curso de milhares de anos, consistindo em inúmeras camadas provenientes dos períodos mais significativos do pensamento chinês. Além disso, parece se aproximar mais do manual do taoismo em virtude de sua rica simbologia. Também é um dos livros mais conhecidos no Ocidente, sendo ele uma compilação dos aspectos divinatórios baseado em rituais antigos. "A arte divinatória é fundamental para a vida chinesa tradicional e é um modo de estabelecer a aprovação do Céu ou de prever a ruptura da ordem humana e natural" (Bowker, 1997, p. 90).

O texto original contém apenas 4 mil caracteres. No entanto, esse pequeno livro "ocupa na civilização chinesa um lugar comparável ao dos poemas de Homero na civilização helênica e goza de uma antiguidade cultural comparável à da Bíblia na civilização ocidental" (Javary, 1997, quarta capa). Em razão de sua antiguidade, a origem dessa obra está rodeada de mistérios, tanto que Lao-Tzu, assim como Chuang Tzu, pouco se refere a ela em seus escritos. Esse texto difere dos outros textos em relação ao passado, ao presente e ao futuro como uma entidade dinâmica, fluindo e mudando. Portanto, não pode passar por instruções ou se basear em regras.

Como ocorre com a maioria das tradições religiosas, o *Livro das Mutações* também apresenta certos aspectos míticos, entre os quais podemos citar a invenção dos oito trigramas (*pa-kua*), que seria atribuída ao primeiro lendário imperador chinês, Fu Hsi, que supostamente governou a China entre 2852 e 2737 a.C. Os oito trigramas representam o fundamento do sistema do *I Ching*, sendo que *I* significa "mudança" e *Ching*, "clássico", o que resulta em uma tradução como "Livro Clássico das Mudanças".

É uma obra composta por vários ideogramas, símbolos gráficos codificado mais tarde pelo imperador Wan e tendo recebido comentários e reflexões de Confúcio no século V a.C., o *I-Ching* se compõe de 64 hexagramas ou conjunto de seis linhas, organizado com base nas duas grandes forças que presidem o cosmo: o *yang*, o princípio ativo, a ação criadora e expansiva; e o *yin*, a receptividade ou força geradora passiva. (Messing, 1992, p. 11)

Alguns estudiosos da religião afirmam que a autoria do *Livro das Mutações* é atribuída a quatro sábios, respectivamente, Fu Hsi, Rei Wen, Duque de Chou e Confúcio.

A China foi governada por diversos imperadores em tempos diferentes e com diversas dinastias, entre as quais se destaca em importância a Chou (1150 a.C. - 249 a.C.), período em que o *I-Ching* recebeu sua atual compilação de 64 hexagramas[1]. Muito tempo depois, no século VI a.C., o *Livro das Mutações* foi acrescido de comentários e de parte dos *Apêndices*, atribuídos a Confúcio e a alguns de seus discípulos.

Confúcio parece ter escrito dez comentários sobre esse clássico, chamados *As dez asas*, transformando um texto de predições numa das melhores obras da filosofia. Aos 50 anos de idade, ele havia manifestado que, se tivesse mais 50 anos de vida, teria se concentrado mais nos estudos, principalmente do *I-Ching*, avisando as pessoas para se manterem distantes dos problemas. Posteriormente, um dos discípulos de Confúcio, Pu Shang, difundiu sua doutrina com a perspectiva filosófica envolvendo as dez asas do *I-Ching*.

Quando a doutrina taoista se encontrava no auge, o livro do *I-Ching* se tornou inspiração, contribuindo para caracterizar a filosofia como um estudo específico. Também sabemos da fase

---

[1] Alguns são da opinião de que o Rei Wen, que era anterior à dinastia Chou, foi o responsável pela atual compilação dos hexagramas.

obscura da história chinesa, na qual essa obra escapou da queima de livros ordenada pelo tirano Ch'in Shih Huang Ti, pelo fato de, na época, ser considerada um livro de magia. Houve diversas tentativas de preservar o conteúdo do *I-Ching*, mas o resgate dessa obra se deve ao sábio Wang Pi, tendo o livro resistido por milênios até chegar ao Ocidente no século XIX.

Dois estudiosos da religião tiveram um papel fundamental na aproximação da sabedoria chinesa ao Ocidente. Entre eles está Richard Wilhelm, grande pesquisador da cultura chinesa (sinólogo) que fez a tradução do *I-Ching* e também do clássico *Tao Te Ching* para o alemão. Outro nome que merece destaque é James Legge, responsável por levar ao Ocidente alguns textos e comentários do *I-Ching* apresentados em seu livro *The Sacred Book of the East* (em português, *O livro sagrado do Oriente*), editado em 1882. O que importa observar é que ele utilizou pela primeira vez, numa forma compreensível para o Ocidente, os termos *trigrama* (três linhas dispostas) e *hexagrama*, bem como o símbolo do *I-Ching* (seis linhas em formas diferentes), os quais, mais tarde, foram empregados nos estudos sobre esse livro.

5.2 Os princípios de sabedoria do *I-Ching*

Os princípios de sabedoria do *I-Ching* foram elaborados tanto pelo confucionismo como pelo taoismo, em termos de uso prático. Conforme Bob Messing (1992, p. 153), o saber do *I-Ching* é "útil e benéfico e sua inspiração para todos os leitores se evidencia por sua sobrevivência em uma forma ainda viva e pulsante após um período de milênios".

Essa obra apresenta ensinamentos místicos, religiosos e políticos e práticas de inspiração que apontam para uma vida de qualidade e para a busca de autorrealização. Ou podemos afirmar que, quando fluímos com as circunstâncias, evitamos o choque e a resistência: esse é o caminho do sábio.

Na concepção chinesa, todas as manifestações do *Tao* são geradas pela inter-relação dinâmica de duas forças polares. A ideia parece ser mais antiga, e muitas gerações aperfeiçoaram o simbolismo arquetípico do *yin-yang* até ele se tornar o conceito fundamental do pensamento chinês. Praticamente, tudo aquilo de mais significativo e relevante ocorrido ao longo dos três milênios da história cultural chinesa teve como inspiração o *I-Ching*, principalmente a ideia da relação entre os opostos, *yin* e *yang*.

> O *I-Ching* apresenta ensinamentos místicos, religiosos e políticos e práticas de inspiração que apontam para uma vida de qualidade e para a busca de autorrealização.

Para o *Livro das Mutações*, o tempo antigo era mais perfeito, pois existia unidade em tudo, havia um ideal que poderíamos dizer se tratar de um paraíso taoista. Esse paraíso foi descrito assim por Chuang Tzu:

> Naquele tempo, o yin e o yang eram harmoniosos e serenos; seu repouso e seu movimento processavam-se sem qualquer inquietação; as quatro estações possuíam seus tempos definidos; coisa alguma recebia ofensa; nenhum ser conhecia fim prematuro. Os homens podiam possuir a faculdade do conhecimento; não dispunham, porém, de ocasião para seu uso. A isso se chamava o estado da unidade perfeita. Nesta época, não havia qualquer ação por parte de qualquer indivíduo – mas uma manifestação constante de espontaneidade. (Chuang Tzu, citado por Capra, 1990, p. 93-94)

Ao longo dos séculos, os chineses conseguiram observar a situação caótica da sociedade e também a dos indivíduos, o que gerou o desenvolvimento da filosofia do *I-Ching*. De acordo com Fritjof Capra (1990, p. 86), "o significado original das palavras *yin* e *yang* correspondia aos lados ensombreado e ensolarado de uma montanha, significado este que nos dá uma boa ideia acerca da relatividade dos dois conceitos: 'Aquilo que ora nos apresenta a escuridão e ora nos mostra a luz é o *Tao*'".

Por isso, podemos afirmar com segurança que a sabedoria milenar influenciou na elaboração do *I-Ching*. Na sequência, vamos analisar a dinâmica dos dois polos – *yin* e *yang* –, seus padrões cíclicos, sua filosofia e também seu funcionamento.

5.3 Os padrões cíclicos do *yin* e do *yang*

Em virtude da familiaridade com os padrões cíclicos no movimento dinâmico do *Tao*, os sábios chineses aplicaram uma estrutura precisa com a introdução de dois elementos opostos e complementares, *yin* e *yang*, com intenção de que estes estabeleçam os limites para os ciclos de mudança. "O *yang*, tendo alcançado seu apogeu, retrocede em favor do *yin*; o *yin*, tendo alcançado seu apogeu, retrocede em favor do *yang*" (Wang Chung, citado por Capra, 1990, p. 86).

Essas duas forças são conhecidas no Ocidente como forças opostas que mantêm o eterno fluir do Universo. Existem evidências históricas de que essa filosofia se desenvolveu há muitos séculos, na região do Rio Amarelo, no Império do Meio. O princípio da polaridade se encontra no coração do pensamento taoista, mas a ênfase nos opostos não pode ser confundida com a situação de conflito.

FIGURA 5.1 – Símbolo do *yin-yang*

O movimento dinâmico do *yin-yang* é uma representação do símbolo chinês denominado *T'aichi T'u*, mais antigo na cultura chinesa. É uma representação do princípio da dualidade para indicar o movimento dinâmico dos processos cíclicos da natureza. Segundo esse princípio, duas forças complementares compõem tudo aquilo que existe, e do equilíbrio dinâmico entre elas surge todo movimento e toda mutação. Conforme Capra (1990, p. 87), "Esse diagrama apresenta uma disposição simétrica do *yin* sombrio e do *yang* claro; a simetria, contudo, não é estática. É uma simetria rotacional que sugere, de forma eloquente, um contínuo movimento cíclico: 'O *yang* retorna ciclicamente ao seu início, o *yin* atinge seu apogeu e cede lugar ao *yang*'".

O que devemos notar é que os dois pontos do diagrama apresentam a familiaridade dos chineses com a cultura e, ao mesmo tempo, com os movimentos do Sol e da Lua e com a mudança das estações.

Para compreender melhor o *I-Ching*, é necessário conhecer a dinâmica da relação que o ser humano estabelece com a natureza, pois com base nessa relação são adquiridos os símbolos para sua vivência harmônica. Algumas tradições religiosas, como o hinduísmo e o budismo, também estabeleceram essa relação ao construir seu conteúdo religioso – no caso da China, o taoismo. Desde os tempos antigos, a base do sustento do povo chinês era a agricultura, uma vez que dependia da terra, buscando observar os fenômenos da natureza para identificar o momento mais adequado para plantar. No interior dessa percepção está a semente da comunicação entre o ser humano e a natureza.

Como explica Capra (1990, p. 87), "as mudanças sazonais e os fenômenos delas resultantes, do crescimento e da decadência presentes na natureza orgânica eram encarados pelos chineses como as expressões mais evidentes da inter-relação entre o *yin* e o *yang*, entre o inverno frio e escuro e o verão claro e quente". O que também deve ser notado é que essa ideia é estendida tanto à medicina tradicional como ao universo gastronômico, considerando-se que uma dieta saudável exige equilíbrio dos elementos *yin* e *yang*. O rompimento com esse equilíbrio é visto como doença.

5.3.1 Filosofia do *yin-yang*

Conforme a filosofia do *yin* e do *yang*, a lei dos opostos governa todo o Universo. Os opostos existem em tudo: vida e morte, luz e escuridão, bom e mau, positivo e negativo, masculino e feminino, céu e terra. Tudo coexiste como parte de um único sistema. Essa é a maneira como as coisas existem. Se não fosse assim, a vida/existência não seria possível.

Este é um ensinamento do sábio Ch'i Po, num diálogo com o Imperador Amarelo, escrito 4.500 anos atrás. É um exemplo de que os chineses sempre basearam sua vida no seguinte princípio:

"Tudo tem seu oposto", ou seja, em tudo aquilo que existe há uma força positiva e outra negativa.

Desde os tempos remotos, "os dois polos arquetípicos da natureza foram representados não apenas pelo claro e pelo escuro, mas, igualmente, pelo masculino e pelo feminino, pelo inflexível e pelo dócil, pelo acima e pelo abaixo" (Capra, 1990, p. 86). Os opostos se apresentam tal como indica o Quadro 5.1.

QUADRO 5.1 – *Yang e yin*

Yang	Yin
Masculino	Feminino
Sol	Lua
Criação	Conclusão
Calor	Frio
Luz	Escuridão
Céu	Terra
Domínio	Submissão

Fonte: Elaborado com base em Cecilia, 2004.

Cada um dos opostos produz o outro. A criação do *yin* a partir do *yang* e do *yang* a partir do *yin* ocorre cíclica e constantemente, de modo que um princípio continuamente domina ou determina seu oposto. Todas as situações estão sujeitas a se transformarem em seus opostos.

Todos os opostos que vivenciamos – calor e frio, saúde e doença, poder e submissão – podem ser explicados pelo domínio temporário de um princípio sobre o outro. Uma vez que um princípio não predomina eternamente, isso significa que todas as contingências podem ser transformadas em seus opostos. Dado que um princípio produz o outro, podemos compreender que todo fenômeno traz em si os germes de seu estado oposto, isto é, a doença contém a semente da saúde, a saúde contém a semente da doença, a riqueza contém as sementes da pobreza etc.

Embora um dos opostos não esteja visível, o estado oposto não está completamente ausente de qualquer fenômeno.

5.3.2 Funcionamento do *yin-yang*

Lao Tzu considerou esse princípio antigo e introduziu o *Tao* na dinâmica, afirmando que o Universo é governado por um único princípio: o *Tao*, ou o Grande Ilimitado. Esse princípio se divide em dois princípios opostos (ou que se opõem mutuamente) em suas ações, *yin* e *yang*.

Qualquer fenômeno pode ser compreendido com base no princípio *yin-yang*:

- o funcionamento da natureza;
- a funcionamento do corpo humano;
- a natureza dos alimentos;
- as qualidades éticas dos seres humanos;
- o progresso do tempo;
- a natureza da transformação histórica.

Dessa forma, *yin* e *yang* representam todos os princípios opostos que existem no Universo.

A ordem universal deve ser explicada no jogo dinâmico entre o *yin* e o *yang*. Um *yin* e um *yang* fazem a ordem ou, melhor explicando, "um todo ordenado". O corpo do ser humano pode ser dividido em partes *yin* e *yang*.

De acordo com Capra (1990, p. 87), "o interior do corpo é *yang* e sua superfície, *yin*; a parte posterior é *yang*, a dianteira é *yin*; dentro do corpo existem órgãos *yin* e *yang*". Desse modo, podemos afirmar que a unidade do casal se encontra na mulher (*yin*) e no homem (*yang*), a unidade do tempo no dia (*yang*) e na noite (*yin*) e a unidade da natureza, com as estações, no verão (*yang*) e e no inverno (*yin*).

A atividade é *yang* e a passividade é *yin*, e uma relação de duas entidades ou pessoas em que uma é ativa e a outra é passiva se concebe também como uma unidade de opostos. Na antiga filosofia chinesa, essa ideia de unidade de opostos recebeu a maior extensão possível. Todo o Universo, inclusive a sociedade humana, é interpretado como uma "ordem" baseada nisso.

Existe também uma nova leitura sobre esses dois símbolos, que surgiu nos anos recentes. Conforme essa nova perspectiva, como o verbo *ser* não existe em chinês, um chinês não pode dizer que o *yin* é escuro ou é frio. Ele pode compreender que o *yin* não é escuro, mas um movimento de escurecimento, não é frio, mas uma tendência a refrescar. Do mesmo modo, o *yang* não é claro, mas um movimento de clarificação, não é quente, mas um movimento de aquecimento. Dessa forma, tudo está em ação constante, sem estacionar-se.

Nesse contexto, o ator Bruce Lee, o pequeno dragão do Gong Fu (Kung Fu), comparava o funcionamento do *yin-yang* ao de uma bicicleta. Dizia ele:

> Enquanto nos obstinamos a separar Yin/Yang em duas partes, não podemos esperar alcançar a sua realização. Se alguém deseja chegar a algum lugar de bicicleta, não pode apoiar-se sobre os dois pedais ao mesmo tempo sem permanecer perfeitamente imóvel. Para poder progredir, ele deve se apoiar sobre um pedal enquanto afrouxa o outro. O movimento completo é apoiar/afrouxar. "Apoiar" é o resultado de "afrouxar" e cada qual por sua vez a causa do outro. (Lee, citado por Javary, 1997, p. 23)

Os dois germes – a esfera branca na parte preta e a esfera preta na parte branca – enfatizam que nada, jamais, é completamente branco ou completamente preto. Porém, isso significa mais do que a ideia habitual: cada qual contém em si sua contraparte. O propósito dessa composição é mostrar que tudo sempre se constitui de uma mistura mutante de *yin* e *yang*. Aquilo que agora é preto vai clareando até tornar-se branco e, para recomeçar de imediato, volta a escurecer, enquanto o branco seguirá um movimento de acompanhamento, como num concerto. Isso produzirá uma mutação, uma completa reviravolta da figura, abrigando em si mesma o movimento complementar, como um coração que se expande depois de ter sido comprimido.

Observamos esse movimento dinâmico no poema 42 de *Tao Te Ching*: "O *Tao* gera o uno, o uno gera o duplo; o duplo gera o triplo, o triplo gera as dez mil coisas. As dez mil coisas carregam o *yin* nas costas e o *yang* na frente e harmonizam-se no encontro dos dois" (Javary, 1997, p. 43).

Com base na noção de que os movimentos do *Tao* são uma contínua interação entre os opostos, observamos duas regras básicas que regem a conduta humana: quando desejamos alcançar alguma coisa, devemos começar com seu oposto e, quando desejamos reter algo, nela devemos admitir algo de seu oposto. "Fiquem curvos, e permanecerão retos. Fiquem vazios, e permanecerão cheios. Fiquem gastos e permanecerão renovados" (Chuang Tzu, citado por Capra, 1990, p. 91). Tanto o taoismo como o confucionismo absorveram os ensinamentos do *I-Ching* e tentaram aplicá-los no contexto da vida cotidiana.

5.4 Os trigramas e os hexagramas

O livro *I-Ching* apresenta as permutações dos elementos opostos, *yin* e *yang*, estabelecendo uma estrutura de seis linhas, os hexagramas, e uma estrutura de três linhas, os trigramas, ambas denominadas de *kua* – Richard Wilhelm traduziu esse termo como "signo". O desenvolvimento do trabalho com o *Livro das Mutações* aconteceu organicamente, ao longo de milhares de anos, acumulando a sabedoria dos povos em épocas diferentes.

Na sequência, vamos tratar de cada um desses conceitos.

5.4.1 Os trigramas

O *Livro das Mutações* apresenta os trigramas como estruturas formadas por três linhas, que podem ser quebráveis (*yin*) ou inquebráveis (*yang*). A princípio, no período inicial, as linhas (em forma de trigramas) que compõem os hexagramas do *I-Ching* eram vistas para compreender melhor os elementos opostos – o *yin* e *yang*. Por exemplo, uma linha inteira e contínua (—) representava um *sim* e, com o passar do tempo, veio a ser associada à ideia do *yang* (ativo/positivo). Uma linha quebrada (- -) era um *não* e, com as transformações que foram ocorrendo no *I-Ching*, passou a ser relacionada à ideia do *yin* (negativo/passivo).

Os trigramas apresentam as oito possibilidades de linhas, mostrando qualidades específicas, além de desenvolver os símbolos mais profundos e complexos. Podemos compreender que os trigramas, representações básicas dos fenômenos da natureza, são oito ao todo e são a base do Feng Shui. De modo geral, os chineses utilizam esse símbolo na construção das casas para atrair bons fluidos da natureza para o interior das residências.

I Ching – O Livro das Mutações: *ideograma do* yin-yang

FIGURA 5.2 – Símbolo do Feng Shui

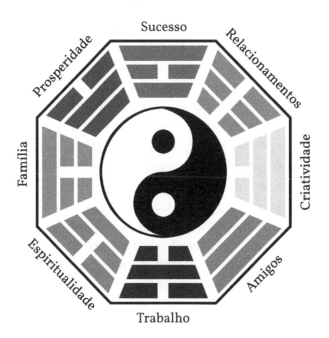

É interessante notar também que os trigramas estão relacionados com os cinco elementos da natureza que influenciam a vida humana: água, fogo, terra, metal e madeira. Esses cinco elementos são contemplados no ser humano: por exemplo, a água é relacionada ao rim; o fogo, ao coração; a terra, ao baço; o metal, ao pulmão; a madeira, ao fígado. As relações entre si mantêm o corpo saudável, um elemento ajudando a manter o equilíbrio do outro e, ao mesmo tempo, determinando a presença do outro[2]. Os oito trigramas do *I-Ching* expressam todas as coisas que acontecem sob o céu e acima da terra e que, continuamente, estão em mutação.

---

2 A relação entre os cinco elementos foi desenvolvida pelo estudo chamado *Feng Shui*. Por vezes, é utilizada na construção das casas e na organização dos espaços, para atrair as energias da natureza e estabelecer a harmonia com elas.

5.4.2 Os hexagramas

O ponto de partida da obra *I-Ching* é o conjunto de 64 figuras chamadas de *hexagramas*, que se baseiam também no simbolismo do *yin-yang*. O perito na elaboração dos hexagramas na forma compreensível para o Ocidente é Cyrille Javary (1997, p. 27), segundo o qual "os hexagramas não são símbolos; são esquemas, radiografias de instantes particulares dentro de uma evolução geral. Não são momentos estáticos, inversos aos que intercalamos para separar dois períodos, são momentos em vias de passar vagarosamente, quase à velocidade da Grande Reciclagem".

Cada hexagrama representa um processo da natureza e "consiste em seis linhas, que podem ser quebradas (*yin*) e ou cheias (*yang*); esses 64 hexagramas compreendem todas as combinações possíveis dessas linhas" (Capra, 1990, p. 88). Na dinâmica de juntar essas linhas, são compostos os hexagramas, que nada mais são do que a estrutura do *I-Ching*, e cada linha desse conjunto de hexagrama indica o melhor caminho para as ações.

Nesse contexto, evidencia-se a construção do pensamento filosófico de que tudo está interligado. As linhas do hexagrama são consideradas arquétipos cósmicos que representam os padrões de *Tao* na natureza e nas situações humanas. A terra, o homem e o céu precisam estar em perfeita harmonia para que o ser humano esteja bem consigo, com os outros e com essa imensa natureza.

I Ching – O Livro das Mutações: *ideograma do* yin-yang

FIGURA 5.3 – Hexagramas

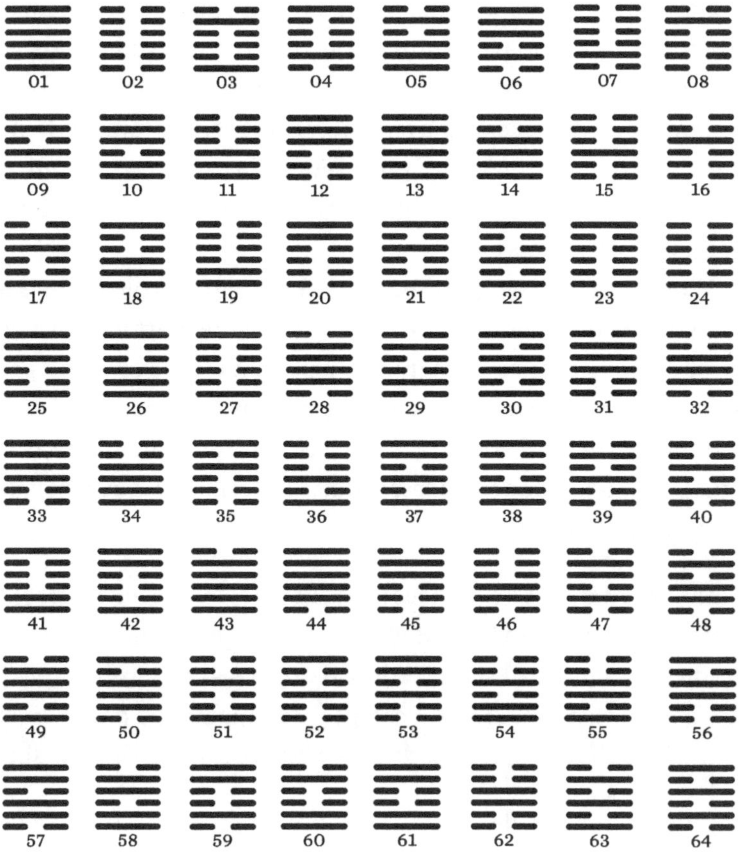

O conteúdo de cada hexagrama é descrito em três pequenos textos (específicos para cada figura). O primeiro texto, chamado *Julgamento*, é usado para indicar a direção da ação adequada ao padrão cósmico. O segundo texto, chamado de *Imagem*, elabora o significado do hexagrama em poucas linhas. Já o terceiro texto, chamado de *Linhas Móveis*, interpreta cada uma das seis linhas do hexagrama numa linguagem carregada de imagens míticas, complexas e difíceis de entender.

Como afirmamos anteriormente, a preocupação dos chineses era saber sobre a vida futura e a vida presente; portanto, era necessário consultar os hexagramas para conhecer a situação pessoal. A consulta ao *I-Ching* não era simplesmente para conhecer o futuro, mas também para "descobrir a disposição da situação atual, de modo a que se pudesse tomar a atitude mais apropriada" (Capra, 1990, p. 89).

Para consultar o *I-Ching*, é necessário haver silêncio, concentração, reflexão, respeito e a formulação precisa da pergunta. Segundo a tradição chinesa, o *Tao* não falha no processo da consulta; quem pode falhar é o consulente. Portanto, é fundamental que, na consulta, haja clareza por parte da pessoa sobre o que ela busca saber.

Todas as etapas de consulta ao *I-Ching* têm a função psicológica de desenvolver o foco e a atenção do consulente. O objetivo do *I-Ching* é motivar e aconselhar as pessoas com base em orientações precisas em relação à natureza e também em relação ao momento atual. Dessa forma, serve como fio condutor, mostrando qual direção deve ser seguida indicando os desafios e as conquistas de cada caminho³.

Em resumo, podemos afirmar que o resultado das consultas pode ser compreendido de forma ampla. A energia "céu" é representada por três linhas indivisas, por ser masculina, impenetrável, penetradora, criadora e forte. Ela é a conscientização do princípio *yang* que a fecunda. A energia "terra" é representada por três linhas divididas, correspondendo àquela que se abre e se entrega, o lado receptivo; é a energia que nos situa no momento particular em que vivemos. O céu é o tempo, a terra é o espaço. O céu é invisível e forma, a terra é visível e gera. As duas juntas sintetizam todas as possibilidades de vida.

5.5 A essência do *I-Ching*

Quando falamos na essência do *I-Ching*, é preciso considerar, em primeiro lugar, as relações entre homem e natureza, com os aspectos opostos e complementares. Em segundo lugar, a obra *I-Ching* expõe o entendimento de que os acontecimentos se originam no plano das ideias, mas se manifestam no mundo real cotidiano. Essa visão holística foi transmitida por diversos sábios chineses, entre os quais se destacam Confúcio e Lao-Tzu.

Essa ideia foi assimilada pelos ocidentais, como Carl Jung, que "extraiu do *I-Ching* a substância da sua teoria da sincronicidade, reconhecendo nesta obra o mais profundo exemplo do que ele denominou 'os arquétipos'" (Javary, 1997, p. 15). No *I-Ching*, o ser

---

3 Ao longo dos anos, o método de consulta ao *I-Ching* foi simplificado e, para obter os benefícios, passou-se a utilizar também as moedas, de que não trataremos nesta obra. Esse método consiste em escolher três moedas que devem ser jogadas ao mesmo tempo, cada lado com um valor numérico. Costuma-se atribuir o valor 3 (*yang*) para cara e 2 (*yin*) para coroa. Após seis jogadas, o hexagrama estará formado e a resposta pode ser mediante consulta ao *Livro das Mutações*.

humano tem a capacidade de mudar o percurso dos acontecimentos, o que é uma visão quase oposta à maioria das tradições religiosas e das culturas, as quais estabeleceram que o homem está sujeito aos desígnios do destino.

No *Livro das Mutações*, o conhecimento das forças *yin* (negativo) e *yang* (positivo) torna o homem o criador do próprio destino, em consonância com as forças do Universo e da vida, permitindo que assuma a responsabilidade de suas ações. Esse princípio está bem próximo à teoria do carma, do hinduísmo, segundo a qual cada um colhe aquilo que semeia.

A essência do *I-Ching* consiste em compreender que os princípios constituem a visão do ser humano como um **todo**. Os estudiosos da religião e os terapeutas contemporâneos têm afirmado que o ser humano deve ser visto de uma forma integral. Porém, essa ideia remete aos sábios chineses, pois eles compreenderam que, por meio do *Tao* e do *I-Ching*, pode ser elaborado um caminho prático de vida. Nesse sentido, o *Livro das Mutações* é uma obra de sabedoria.

> A essência do *I-Ching* consiste em compreender que os princípios constituem a visão do ser humano como um **todo**.

Dessa forma, podemos notar que, no centro de todo o *I-Ching*, encontra-se a ênfase no aspecto dinâmico de todos os fenômenos. A transformação incessante de todas as coisas e situações, a princípio, é a mensagem essencial dessa obra:

O Livro das mutações é uma obra

Da qual o homem não deve se manter distante.

Seu Tao está em perpétua mutação –

Modificação, movimento sem descanso

Fluindo através de seis posições vazias;
Subindo e descendo sem cessar.
O firme e o maleável mudam.
Não se pode contê-los numa regra;
Aqui só mudança atua. (Needham, citado por Capra, 1990, p. 89)

Todos esses elementos que constituem esse livro aparecem numa forma de escrita. Ao se agruparem, formam arquétipos que contêm os signos com os principais ensinamentos chineses sobre a lei natural e o curso da vida.

Pelo fato de ter suas raízes na realidade da prática, desde os seus primórdios o *I-Ching* chegou, talvez, ao mais profundo mistério da vida. Como afirma Javary (1997, p. 105), "acaso e mutação, as duas grandes forças motrizes da evolução, são também as do 'Livro das Mutações'". Essa obra, oriunda das mais remotas eras – e do outro lado do mundo, em relação ao Brasil –, consegue costurar os aspectos da vida cotidiana de uma forma simples. Os ensinamentos do *I-Ching* são praticados há milênios, recomendados por tantos sábios que sua utilização não pode ser descartada. Assim, podemos perceber que essa obra é extremamente fecunda e completamente apropriada aos tempos contemporâneos, marcados por transformações.

Síntese

O *Livro das Mutações* é o primeiro entre os seis clássicos confucionistas e deve ser considerado como um trabalho que se encontra no cerne da cultura e dos pensamentos dos chineses. Também é, sem dúvida, um dos livros mais importantes da literatura mundial. Chamado em chinês de *I-Ching*, sua origem perdeu-se na antiguidade mítica, tendo ocupado a atenção dos maiores estudiosos chineses desde os tempos antigos. Essa obra tem o foco no ser humano e em sua relação com a natureza; dessa relação extrai os símbolos religiosos e práticos para uma vivência adequada com os objetivos de autoconhecimento. Para trilhar esse caminho, dialoga com outras ciências, como astronomia, matemática e ciências humanas.

Para entender o *I-Ching*, é fundamental compreender os significados dos termos. O termo *I* é um símbolo de alta importância da sabedoria chinesa, pois remete à ideia de que a mutação é o princípio e o centro do pensamento chinês. Para tal compreensão, são utilizados dois conceitos opostos e complementares, o *yin* e o *yang*, os quais que tudo sempre se constitui de uma mistura mutante de *yin* e *yang*. A palavra *Ching* significa "clássico", ou seja, a tradução em português mais literal do título do livro seria "Livro Clássico das Mudanças".

Atividades de autoavaliação

1. Qual é o significado das palavras *I* e *Ching*?
   a) O significado da palavra *I* é "mudança" e *Ching* significa "clássico", o que pode ser traduzido como "Livro Clássico das Mudanças".
   b) Não existe significado para a palavra *I*, mas *Ching* é apresentada como "clássico", o que pode ser traduzido como "Livro Clássico das Mudanças".
   c) O significado da palavra *I* é "mudança" e *Ching* significa "clássico", o que pode ser traduzido como "*Tao Te Ching*".
   d) O significado da palavra *I* é "mudança" e *Ching* significa "cosmologia", o que pode ser traduzido como "Livro Clássico das Mudanças".
   e) O significado da palavra *I* é "transformação", e *Ching* significa "mudança", o que pode ser traduzido como "Livro Clássico das Mudanças".

2. A essência do *I-Ching* consiste em compreender que os princípios constituem a visão do ser humano como um todo. Sobre essa afirmação, assinale a alternativa correta:
   A] Essa afirmação é controversa.
   B] Essa afirmação está incorreta.
   C] Essa afirmação deve ser desconsiderada.
   D] Essa afirmação está correta.
   E] Essa afirmação deve ser modificada.
3. De que forma o *Livro das Mutações* apresenta os trigramas e os hexagramas?
   A] O *Livro das Mutações* apresenta os trigramas como estruturas formadas por três linhas, que podem ser quebráveis (*yin*) e inquebráveis (*yang*); já os hexagramas não têm qualquer linha.
   B] O *Livro das Mutações* apresenta os trigramas como estruturas formadas por três linhas, que podem ser quebráveis (*yin*) ou inquebráveis (*yang*); já os hexagramas são formados por seis linhas, que podem ser quebradas (*yin*) e/ou cheias (*yang*).
   C] O *Livro das Mutações* apresenta os trigramas como estruturas formadas por seis linhas, que podem ser quebráveis (*yin*) ou inquebráveis (*yang*); já os hexagramas são formados por três linhas, que podem ser quebradas (*yin*) e/ou cheias (*yang*).
   D] O *Livro das Mutações*, a princípio, não apresenta trigramas ou hexagramas.
   E] O *Livro das Mutações* apresenta somente trigramas, e não hexagramas.

4. Acerca do princípio das formas complementares, *yin-yang*, estas atuam:
   A] no funcionamento da natureza, no funcionamento do corpo humano e no funcionamento da natureza dos alimentos.
   B] nas qualidades dos seres humanos, mas não na natureza.
   C] nas qualidades éticas dos seres humanos, no progresso do tempo e na natureza dos povos desconhecidos.
   D] no funcionamento da natureza e somente no funcionamento do corpo de Lao-Tzu.
   E] não no funcionamento da natureza, mas no corpo humano.
5. Conforme a filosofia do *yin-yang*, a lei dos opostos governa todo o Universo. Assinale a alternativa que complementa corretamente essa afirmação:
   A] Os opostos existem em tudo: vida e morte, luz e escuridão, bom e mau, positivo e negativo, masculino e feminino, céu e terra. Porém, tudo não coexiste como parte de um único sistema.
   B] Os opostos não podem existir em tudo, mas somente na vida e na morte, na luz e na escuridão, no bom e no mau, no positivo e no negativo, no masculino e no feminino, no céu e na terra.
   C] Na filosofia do *yin-yang* não existem os opostos. Eles existem somente em: vida e morte, luz e escuridão, bom e mau, positivo e negativo, masculino e feminino, céu e terra. Tudo coexiste como parte de um único sistema.
   D] Os opostos existem em tudo: vida e morte, luz e escuridão, bom e mau, positivo e negativo, masculino e feminino, céu e terra. Tudo coexiste como parte de um único sistema.
   E] Os opostos se apresentam em todos os elementos da natureza, mas às vezes é difícil analisar a presença dos opostos. Portanto, tudo não coexiste como parte de um único sistema.

Atividades de aprendizagem

Questões para reflexão

1. Leia o parágrafo reproduzido a seguir, presente entre os ensinamentos do sábio Ch'i Po e extraído do clássico chinês *Neijing*, num diálogo que ele teve com o imperador sobre as forças opostas da natureza.

> "O clima celestial circula dentro dos pulmões; o clima terrestre circula dentro da garganta, o vento circula dentro do fígado, a trovoada circula no coração; o ar de um desfiladeiro penetra no estômago e a chuva penetra nos rins. As seis artérias geram rios, os intestinos e o estômago geram oceanos, os nove orifícios geram a água corrente e o Céu e a Terra geram o Yin e o Yang" (Projeto Orientalismo UERJ, 2020).

2. Em um segundo momento, dirija-se a um lugar tranquilo, como o seu quarto ou uma igreja, e permaneça em silêncio, fazendo as respirações conscientemente. Também desenvolva uma atitude de gratidão ao divino pelo ar que você respira.

Atividade aplicada: prática

1. Visite uma escola de artes marciais chinesas em sua cidade. Observe o desenvolvimento dos movimentos corporais dos alunos durante a aula com o professor. Perceba a harmonia e a sincronia dos movimentos do corpo. Associe essas movimentações corporais aos conteúdos abordados neste capítulo.

PRESENÇA DO TAOISMO NO OCIDENTE

A China sempre impressionou o Ocidente. São numerosos admiradores ocidentais da cultura chinesa, desde os tempos de Marco Polo. Os rastros comerciais evidenciam que havia um caminho trilhado pelos comerciantes europeus, chamado de *Caminho da Seda*. Na atualidade, a China também atua como uma potência em campos diferentes.

Por um lado, há um governo comunista, mas que incorpora a dinâmica das atividades comerciais capitalistas. Por outro lado, a China está presente em todos os campos, inclusive na tecnologia e na ciência, sem falar do campo militar.

Ao longo dos séculos, já existiram diversas visões sobre a China, e o Ocidente se apropriou de muito elementos chineses. Todavia, muita coisa sobre esse país de cultura milenar permanece uma incógnita ainda hoje.

Neste último capítulo, o objetivo é apresentar como a China milenar entrou no Ocidente e de que forma ela está presente. Daremos uma atenção especial ao taoismo e sua presença aqui no Brasil.

6.1 A cultura chinesa na visão do Ocidente

A primeira impressão que os ocidentais têm sobre a China está relacionada aos produtos chineses vendidos nas lojas de grandes cidades, a um preço mais baixo que os demais. Além disso, em várias cidades, existe certa familiaridade com lanchonetes e restaurantes que trabalham com comida chinesa. Há lojas, aliás, cujo nome evidencia o objetivo de preservar a identidade chinesa no Ocidente.

Todavia, a China não é somente isso. Ela também está presente de uma forma mais sutil. Como abordamos nos capítulos anteriores, a China tem uma cultura milenar, a qual migrou para o Ocidente de diversas formas, o que está vinculado diretamente com o conteúdo do taoismo.

A curiosidade sobre a China já existia nos tempos de colonização e, ao mesmo tempo, durante o deslocamento dos missionários para a China. Os missionários – tanto protestantes como católicos – foram à China com o intuito de pregar a doutrina cristã e converter os chineses. Apesar de haver uma redução no número de simpatizantes ocidentais da cultura chinesa no século XIX, alguns estudiosos levantaram o debate sobre a China como uma entidade cultural e religiosa. Yu-ming Shaw mostrou que essas discussões se encontravam ao redor de duas questões: "a natureza da cultura chinesa com a questão correlata do legado das conquistas científicas da China, e o conteúdo religioso do confucionismo e maoismo chineses" (Shaw, 1979, p. 9).

Os ocidentais começaram a apreciar a cultura chinesa de uma forma moderada e, em alguns casos, com grande admiração. Um dos apreciadores era Bertrand Russell, que foi um visitante popular na China e fez observações como: "o chinês possuía uma civilização e um temperamento nacional superiores, de vários modos, aos do homem branco" (Russell, citado por Shaw, 1979, p. 10). Além de Russell, vários ocidentais tiveram interesse na cultura chinesa, como Thomas Metzger, Max Weber, Richard Solomon e outros, que apresentaram opiniões tanto positivas como negativas sobre o assunto.

Com relação ao legado do desenvolvimento científico da China, a figura mais importante foi Joseph Needham, autor de *Science and Civilisation in China*, que trouxe certas controvérsias. Yu-ming Shaw observou que essa obra investe em duas direções em relação à China:

> Primeiro, documentando a rica herança científica chinesa procura Needham refutar o clichê da estagnação da China tradicional. Em segundo lugar, acentuando que a ciência possui "uma filosofia orgânica" que se opõe à ciência ocidental como materialismo mecânico, espera desenvolver um conceito de ciência universal em que entram como partes integrantes tanto o organicismo chinês como o mecanicismo ocidental. (Shaw, 1979, p. 13)

É interessante notar aqui que a visão ocidental em relação à China girava em torno dos aspectos práticos da sociedade chinesa apresentados pelo confucionismo. O confucionismo era a tradição dominante e nada se falava da tradição taoísta, tratada ao longo das páginas desta obra.

6.2 Os ocidentais na China

No campo da religião, sabemos que os jesuítas foram os primeiros grupos de ocidentais a empreender um estudo sistemático da cultura chinesa. O interesse por trás do objetivo fincar os pés na China era a evangelização.

As atividades jesuíticas duraram do século XVI até o século XVIII, transmitindo a cultura entre a China e o Ocidente. Conforme

Shaw (1979, p. 6), "Para a China, além do cristianismo, exportaram os jesuítas, as ciências ocidentais e algumas invenções tecnológicas; no Ocidente introduziram a cultura chinesa através de publicações e traduções de clássicos chineses".

A preocupação principal dos missionários jesuítas, nos tempos do auge das conversões à tradição cristã em outros continentes, era fazer os chineses entenderem os valores cristãos. Ao contrário de outras culturas, os chineses já tinham um sistema religioso complexo, e a sociedade deles se encontrava bem organizada.

Conhecendo essa complexa realidade, os jesuítas adotaram certas estratégias, que assumiram quatro direções. A primeira delas foi trabalhar com a classe que formava a elite, os funcionários do governo – portanto, a classe letrada e dominante. A segunda foi estudar a literatura sagrada chinesa, principalmente os famosos clássicos chineses, para estabelecer um diálogo com os chineses intelectuais. A terceira se concentrou nas práticas religiosas, pois os jesuítas sabiam que estas podiam unir os letrados e o povo simples. Por fim, a quarta estratégia se voltou para o confucionismo tradicional, o qual abrigava noções religiosas semelhantes ao cristianismo e que eram mais compatíveis com os ocidentais do que as do budismo e do taoismo (Shaw, 1979, p. 6). É interessante observar que as estratégias utilizadas pelos jesuítas nasceu de convicções religiosas genuínas e, ao mesmo tempo, de considerações práticas.

> Ao contrário de outras culturas, os chineses já tinham um sistema religioso complexo, e a sociedade deles se encontrava bem organizada.

Por conhecerem a complexa realidade religiosa local, os jesuítas optaram por estudar o confucionismo tradicional como base para desenvolver o diálogo espiritual com os letrados chineses. O confucionismo era tradicionalmente chamado de *Ju Dii*, a doutrina dos sábios ou culto dos filósofos, e foi fundado por Confúcio, como vimos anteriormente.

Esses ensinamentos seguem a ética familiar e, ao mesmo tempo, buscam criar e praticar a ordem e a harmonia na sociedade. Em razão de concentrar seu foco mais na conduta humana, o confucionismo por vezes é conhecido somente como uma atitude filosófica, e não propriamente como uma religião. Contudo, considerando-se sua prática, a qual inclui inúmeros rituais, ele é visto como religião.

O primeiro passo foi a tradução do clássico *Analectos* de Kung Fu Tseu. O responsável pela tradução foi o padre Matteo Ricci, um italiano jesuíta que também divulgou essa obra na Europa, além de latinizar o nome de seu autor – de Kung Fu Tseu para Confúcio. Os jesuítas, além de aceitarem o confucionismo primitivo como sistema religioso compatível, estabeleceram diálogo com os cultos chineses aos ancestrais e a Confúcio, entendendo que essas práticas não interfeririam na compreensão religiosa cristã.

No campo religioso, também os ocidentais procuraram lidar com o confucionismo tradicional, visto como a religião dos letrados chineses, enquanto a tradição taoista era a dos camponeses dominados pelos letrados. Portanto, podemos perceber que houve pouca curiosidade em relação ao taoismo.

6.3 O taoismo pelas lentes ocidentais

A aproximação oficial do Ocidente, com relação aos estudos sobre o taoismo, ocorreu por meio de Fritjof Capra, pesquisador que estudou semelhanças entre a ciência e a filosofia chinesa no desenvolvimento de seu pensamento. No livro *O Tao da física*, publicado originalmente em 1975, ele apresenta o paralelismo entre a física moderna e a filosofia taoista. Além disso, Capra estabeleceu em seu texto uma relação entre medicina e religião, mística e vida cotidiana, para fundamentar o conhecimento metafísico sobre as leis da natureza.

> O que levou Capra (1990) a intitular sua obra de *O Tao da física* foi a descoberta do Universo como desdobramento do vazio. O vazio se tornou um dos aspectos mais estudados pela ciência moderna, pois deixou de ser um lugar da ausência, mas a realidade de intensa atividade. Capra relaciona essa ideia com o vazio que existe entre a transcendência e a imanência do *Tao*, ou aquele vazio se encontra entre o agir e o não agir.

O interesse da física clássica era conhecer as forças que interagem no mundo. Isso perdeu seu impacto quando o mundo científico começou a buscar a relação que existe entre o micro e macrocosmos. Nessa perspectiva, a ética do taoismo faz sentido para compreender o todo do Universo.

6.4 As formas de difusão do taoismo no Ocidente

Podemos identificar diversas formas pelas quais o taoismo entrou no Ocidente, desde os tempos antigos. De modo geral, as grandes tradições religiosas orientais, pelo fato de surgirem no ambiente agrícola, apresentam a dimensão da circularidade, em que tudo é considerado sincrônico. O Ocidente, todavia, tem sua base na filosofia grega, e o aspecto diacrônico é valorizado.

O Oriente enfatiza a intuição, enquanto o Ocidente prioriza a razão. A dimensão sincrônica aponta que todos os elementos opostos vivem harmonicamente no interior do conjunto de um todo. Na dimensão diacrônica, por sua vez, as partes constroem o todo numa forma processual.

O taoismo é intuitivo e sincrônico e possibilitou a compreensão do mundo com olhares distintos, revelando a coexistência dos opostos no mesmo espaço. Com base nessa visão, surgiram a medicina tradicional chinesa, a acupuntura e artes marciais, como Kung Fu e Tai Chi Chuan.

6.4.1 Medicina tradicional: acupuntura

A medicina tradicional chinesa tem influenciado de uma forma acentuada o Ocidente em razão de sua forma inovadora de tratar os problemas e também de sua perspectiva holística sobre as doenças. Sabemos que a maneira ocidental de tratar os doentes está embasada na ciência, que visa controlar qualquer doença que possamos ter.

Como afirmamos anteriormente, esse é o tratamento diacrônico, quer dizer, o processo realizado com base no diagnóstico da doença, com vistas a tratar somente a doença que se encontra no corpo. Já a abordagem chinesa é holística – ou, podemos dizer, sincrônica –, o que significa que o tratamento envolve o corpo inteiro, para lidar com a doença que se encontra somente numa parte do corpo.

É justamente nesse contexto que se observa a entrada da medicina tradicional chinesa. Esta tem origem no taoismo, especificamente a acupuntura, e dá mais ênfase à prevenção do que à cura, em virtude de seu olhar holístico, com o objetivo de tratar o enfermo como um todo, e não somente a doença.

A acupuntura é um dos métodos de medicina mais antigos, sendo conhecida como aquela que busca o equilíbrio entre o *yin* e o *yang*. Outra técnica da medicina tradicional chinesa é o Do-in, em que se usa a pressão dos dedos sobre determinadas partes do corpo com o mesmo objetivo. Para a cultura ocidental, os ensinamentos chineses podem parecer estranhos. A particularidade é que os sábios da China sempre estiveram mais ligados às forças da natureza. Na medicina tradicional chinesa, o papel do taoismo se encontra em três conceitos específicos: energia, essência e espírito. Esses três aspectos se encontram no ser humano. Quando eles estão em perfeita harmonia, goza-se de uma saúde perfeita; a ausência da harmonia é o indicador da doença. Os chineses observavam melhor como o vento, a chuva, o frio, o calor, enfim, como todas as forças da natureza influenciam as pessoas – e isso num tempo sem máquinas e sem indústrias, quando a vida era bem mais ligada às forças naturais. Portanto, o objetivo dessa medicina milenar é estimular o aparelho imunológico, e não dominar propriamente a doença, mas compreendê-la num primeiro momento e, depois, preveni-la.

A mística do taoismo possibilitou compreender as leis da natureza que regem o corpo humano e também administrá-las com sabedoria. Existem, já há alguns anos, diversos centros e clínicas no Ocidente para prescrever tratamentos com base na medicina tradicional chinesa.

6.4.2 Artes marciais

As artes marciais chinesas nasceram das observações de todos os movimentos da natureza, inclusive dos animais e de seres inanimados. A entrada das artes marciais chinesas no Ocidente aconteceu em razão da prática e do treino de alguns atletas ou praticantes de esportes, principalmente para adquirir a concentração. Buscou-se descobrir atividades orientais, como a ioga da Índia, a meditação oriental, o Tai Chi Chuan da China e outras modalidades do Japão. Ao encontrarem os benefícios nessas práticas, promoveram essas atividades no Ocidente, abrindo escolas de treinamento para adquirir melhores resultados.

Ao longo da prática, os ocidentais descobriram que a arte marcial, por si só, é o caminho, no qual é preciso vivenciar os conteúdos das religiões distantes: o confucionismo, o taoismo e o budismo chinês. Sabemos que em toda arte marcial existem princípios bem claros referentes à espiritualidade e à responsabilidade que o praticante experimenta em relação a si próprio, ao outro, à escola, ao professor, à família e ao próprio Estado.

O que mais importa em relação ao taoismo é que ele fornece o equilíbrio mental, a vivência harmônica e ajuda a elaborar as ações harmônicas. O caminho proposto por Lao-Tzu é, acima de tudo, observar. O ser humano se torna observador e, ao mesmo tempo, é observado por ele mesmo.

Além disso, a proposta das artes marciais é cuidar da natureza e da sociedade. Na China antiga, existiam entidades esotéricas antes de Lao-Tzu, as quais reforçavam a responsabilidade do ser humano perante o conjunto da sociedade, da humanidade e de todo o planeta. Podemos identificar que a consciência ecológica existia na China há mais de 3 mil anos.

A contribuição de Lao-Tzu está no fato de que ele introduziu o conceito da não ação com as interpretações filosóficas e religiosas, nas quais o não agir também se entende como agir, mas de uma forma harmônica, sem interferir no fator externo nem no interno. A seguir, trataremos brevemente das duas modalidades que tiveram mais visibilidade no Ocidente: o Kung Fu e o Tai Chi Chuan.

Kung Fu

Uma das modalidades de arte marcial que mais receberam visibilidade no Ocidente foi o Kung Fu – nome que, traduzido, significa "alcançar algo com o grande esforço". O Kung Fu usa técnicas que envolvem movimentos rápidos tanto das mãos como dos pés, tanto para se defender como para adquirir harmonia. O termo *kung* significa "mérito" e *fu* é traduzido como "homem".

Muitos atribuem sua origem ao Templo Shaolin ("lugar de oração"), estando vinculado à tradição budista, que o adaptou ao contexto chinês em torno do século VI d.C. Alguns estudiosos afirmam que o conteúdo dessa arte marcial foi criado com base na observação de cinco animais: tigre, urso, macaco, javali e veado. Isso se justifica pela relação que existe entre os movimentos dos animais e as artes marciais chinesas.

Na atualidade, o Kung Fu é praticado extensivamente tanto no Oriente como no Ocidente – basta pesquisar ou ver alguns filmes sobre o assunto. O ator Bruce Lee foi um dos ícones que popularizaram essa arte, a qual, desde então, passou a ser reconhecida nas escolas de artes marciais, inclusive no Brasil. Relacionadas a essa arte existem também as modalidades japonesas de caratê e judô, que receberam adaptações conforme as épocas, mas cujas raízes se encontram na China.

Tai Chi Chuan

O Tai Chi Chuan é uma das belas artes marciais da antiga China e envolve o sistema interno do ser humano. De modo geral, é caracterizado por movimentos opostos e complementares, lentos e rápidos, leves e fortes, para organizar o fluxo de energia dentro do corpo.

Os princípios essenciais do Tai Chi Chuan são embasados na filosofia do taoismo. Há ênfase no equilíbrio em todas as coisas e no propósito de viver de acordo com os aspectos espirituais e físicos.

A arte do Tai Chi Chuan parece ter sua origem no *Livro das Mutações*, segundo o qual em todas as transformações existe o *Tai Chi*, que cria dois princípios opostos e complementares, denominados *yin* e *yang*. Os dois se encontram em perfeita harmonia tanto na natureza como no ser humano, preservando o equilíbrio e, assim, oferecendo a paz.

É interessante destacar que existem inúmeras escolas no Ocidente que oferecem treinamento em Tai Chi Chuan, principalmente para pessoas de meia-idade. No Brasil, muitas vezes, a prática é realizada por grupos em praças públicas, para criar maior vínculo com a natureza.

6.5 A visão holística da vida e do mundo

Um dos elementos que adentraram o Ocidente vindos especificamente do taoismo é a visão holística do mundo. Essa abordagem parte da contemplação da natureza, que o próprio Lao-Tzu desenvolveu na segunda metade de sua vida, depois de abandonar a corte imperial. Cabe enfatizar que o modo ocidental de compreender o mundo é diacrônico, enquanto o modo oriental é sincrônico.

Alguns filósofos afirmam que o modo de explicar os fenômenos da natureza na cultura ocidental seria baseado no princípio de causalidade, apresentado por Tomás de Aquino. Por sua vez, a cultura chinesa, especificamente o taoismo, adota o princípio de sincronicidade[1]. Antropólogos têm tratado extensivamente da adaptação do ser humano conforme o meio ambiente em que se encontra inserido e, depois, produzir os conteúdos, sejam espirituais, éticos ou políticos (Andrade, 2010).

Nesse contexto, podemos traçar um paralelo entre o Ocidente e o Oriente, considerando que os gregos produziram sua racionalidade filosófica na região do Mar Mediterrâneo, construindo suas academias, enquanto o taoismo promoveu a intuição silenciosa

---

1 O professor Sérgio Biagi Gregório, em uma de suas aulas, definiu: "sincronicidade significa que existe uma correspondência entre os estados simultâneos dos sistemas dos fenômenos. A conexão dos fenômenos não é de causa e efeito, mas de homologia entre os fenômenos que ocorrem ao mesmo tempo. Para eles não há dualidade: a destruição é construção; a construção é destruição. Não há destruição e construção: ambas são só um e o mesmo.

na região montanhosa. O mar propiciou a atitude argumentativa, e a montanha suscitou a contemplação (Raveri, 2005).

Nessa visão, devemos compreender que o Ocidente se apropriou da atitude chinesa, especificamente a do taoismo, que é marcada pelos dois caminhos distintos e complementares.

6.5.1 O caminho da simplicidade

O taoismo se define como "caminho", mas esse caminho é entendido como o caminho da simplicidade e da integridade. Ordem e desordem, transcendência e imanência, agir e não agir são as expressões usadas para ilustrar esse caminho.

Os taoistas identificaram a existência dos elementos opostos no ser humano, e lidar com esses elementos exige um tom de asceticismo ou contemplação, ou, como eles mesmo afirmaram, "sentar e esquecer". Isso significa que somente com o esquecimento de si uma pessoa pode se afastar do *Tao*; ao mesmo tempo, esse distanciamento também a leva para perto do *Tao*.

Existem métodos específicos para atingir o *Tao* – por exemplo, contemplar o Universo e meditar (nesse método, o taoismo se apropriou de conteúdos do budismo) e também desenvolver a postura de não ação. Assim, não se deve interferir nos acontecimentos – o tempo, afinal, os faz passar, pois nada é estático.

Os ocidentais estão praticando essa visão, tentando elaborar o equilíbrio entre o ser e o aprendizado da tradição taoista.

6.5.2 O caminho da moderação

O segundo caminho a destacar é o da moderação. O termo originalmente utilizado é *jian*, que remete à ideia de preservar a moderação nos pensamentos, nas atitudes e nas formas de agir.

O caminho da moderação é apresentado pelos taoistas para evitar a morte prematura, pois sem moderação o ser humano se torna vulnerável às forças destrutivas do mundo. Para tal processo, os taoistas introduziram a qualidade da humildade, visto que ela permite observar a realidade com uma visão plena e, assim, colher os frutos da longevidade. O que está por trás dessa filosofia é que, quanto mais se vive, mais possibilidades existem de aprender e ensinar.

Diversas técnicas e práticas foram desenvolvidas para atingir essa longevidade. Entre elas, destacamos as técnicas de cura, circulação, higiene sexual e meditação. Nesse contexto, houve uma valorização dos idosos, e esses valores foram adotados pelos ocidentais.

6.6 O taoismo no Brasil

Pouco se sabe sobre a presença do taoismo no Brasil. Contudo, cabe destacar a Sociedade Taoista do Brasil, fundada em 1991 pelo Mestre Wu Jyh Cherng, na cidade do Rio de Janeiro, para difundir os ensinamentos taoistas entre os adeptos. Inicialmente, o propósito era atender à população chinesa que se encontra no Brasil, porém, mais tarde, o atendimento foi estendido aos demais interessados.

O Mestre Wu Jyh Cherng, nascido em Taiwan, migrou para o Brasil com seus pais em 1973 e está radicado no Rio de Janeiro desde então. Ele teve os primeiros contatos com taoismo em Taiwan, onde, após uma longa formação, foi ordenado sacerdote taoista (Sociedade Taoista do Brasil, 2012).

A Sociedade Taoista no Brasil busca difundir as diversas vertentes do taoismo no país, disseminando os conteúdos das principais linhagens clássicas dessa tradição. Em 2002, um segundo templo foi inaugurado em São Paulo, para ampliar o atendimento à população que se interessa pelos estudos taoistas.

As diversas linhagens apresentam a mesma filosofia e mística religiosa voltada ao objetivo de alcançar a harmonia interior com base na não ação, princípio proposto por Lao-Tzu. É justamente por esse motivo que o taoismo pode ser praticado em qualquer ambiente, em qualquer espaço e em qualquer horário do dia. Sendo o caminho da harmonia e de uma busca puramente individual, o taoismo tem poucos adeptos no Brasil.

Síntese

A presença chinesa no Ocidente remete a tempos antigos, em que teve destaque a importação da seda. A cultura chinesa entrou no Ocidente por intermédio dos missionários jesuítas nos séculos XVI a XX e em decorrência da importação de elementos como a medicina tradicional chinesa, a acupuntura e a prática de artes marciais. Os jesuítas foram os primeiros a se dedicarem ao estudo da cultura chinesa, inclusive traduzindo os textos sagrados com a intenção de converter a classe letrada chinesa.

Houve também, por parte dos ocidentais, a tentativa de se apropriar da visão holística do taoismo e aplicar isso tanto nas práticas medicinais como nas artes marciais. Com isso, buscou-se associar os dois modos de compreender a vida: o modo ocidental diacrônico e o modo oriental sincrônico. Isso demonstra que o raciocínio ocidental e o conhecimento místico da filosofia oriental podem convergir numa busca natural e universal.

Atividades de autoavaliação

1. De que forma a presença da cultura chinesa se mostra mais visível no Brasil contemporâneo?
   a) A presença da cultura chinesa no Brasil é mais visível nas lojas que vendem produtos chineses e nos restaurantes orientais.
   b) A presença da cultura chinesa no Brasil é mais visível somente no que se refere à vinda de turistas chineses.
   c) A presença da cultura chinesa no Brasil se mostra mais visível nas universidades federais.
   d) A presença da cultura chinesa no Brasil é mais visível somente nos aeroportos e nos portos.
   e) A cultura chinesa é encontrada somente nos templos chineses.

2. A presença dos ocidentais na China teve início no século XV, com os missionários jesuítas, que trabalharam com a classe letrada da China, os confucionistas. Essa afirmação:
   a) está incorreta.
   b) é controversa.
   c) está correta.
   d) deve ser desconsiderada.
   e) deve ser analisada.

3. A medicinal tradicional chinesa (acupuntura) envolve:
   a) a dimensão diacrônica e trata somente aquilo que deve ser tratado em relação à doença do ser humano.
   b) a dimensão sincrônica, mas sempre utiliza as raízes medicinais para tratar a doença do ser humano.
   c) um olhar holístico e concentra-se na prevenção e na cura da doença do ser humano.
   d) a meditação, e não a dimensão da saúde.
   e) somente a dimensão do trabalho cotidiano.

4. Indique se as afirmativas a seguir são verdadeiras (V) ou falsas (F):
   [ ] As artes marciais chinesas têm o propósito de autodefesa e também da harmonia interior.
   [ ] As artes marciais chinesas foram elaboradas para a defesa contra o inimigo, que uma vez atingido esse propósito, deve ser abandonado completamente.
   [ ] As artes marciais são os mecanismos de defesa dos animais na China.
   [ ] As artes marciais chinesas foram importadas do Japão para a defesa contra os mongóis.

   Agora, assinale a alternativa que indica a sequência obtida:
   A] V, F, F, V.
   B] F, V, V, F.
   C] V, F, F, F.
   D] F, V, F, V.
   E] V, V, V, V.

5. Quais são os dois caminhos da visão holística da vida e do mundo que o Ocidente adotou do taoismo?
   A] O Ocidente adotou o caminho da simplicidade e o caminho da complexidade do taoismo.
   B] O Ocidente adotou o caminho da simplicidade e o caminho da moderação do taoismo.
   C] O Ocidente adotou o caminho da felicidade e o caminho da infelicidade do taoismo.
   D] O Ocidente nunca adotou o caminho de uma tradição oriental, pois ele sempre elaborou os próprios caminhos.
   E] O taoismo não apresenta caminhos a serem adotados.

Atividades de aprendizagem

Questões para reflexão

1. Os orientais observavam melhor como o vento, a chuva, o frio, o calor, enfim, todas as forças da natureza, influenciam as pessoas. Os sábios chineses perceberam como todos esses elementos se relacionam com os seres humanos de uma forma harmônica. Vá até uma cachoeira ou um riacho e observe, em silêncio, o fluxo da água durante 30 minutos, mantendo-se longe de telefones celulares.

2. Depois dessa atividade de observação da água no riacho, escreva sobre a sensação que você teve ao ficar perto da natureza e longe da tecnologia.

Atividade aplicada: prática

1. Visite um restaurante chinês que se encontra em sua cidade (ou em outro lugar). Observe a decoração na entrada do local, a organização das mesas e a variedade da comida servida. Se possível, aproveite para saborear a comida e, depois, analise o processo pelo qual a comunidade chinesa se inseriu na cultura brasileira.

CONSIDERAÇÕES FINAIS

O taoismo desenvolveu um sistema religioso e filosófico complexo e explicá-lo adequadamente constitui um enorme desafio. Essa tradição tem uma longa e rica história que se cruza com a do confucionismo e a do budismo e, assim, foi um componente fundamental na vida filosófica e espiritual no Sudeste Asiático e na China em particular. Podemos afirmar que as doutrinas fundamentais do taoismo refletem um princípio de ação baseado nas leis da natureza. O ponto de vista taoista pode ser descrito da seguinte forma: "o indivíduo deve buscar a verdade por meio de um foco paciente e receptivo nos padrões naturais e nas influências dignas de emulação" (Toropov; Buckles, 2004, p. 282). Cabe observar que toda a vida religiosa chinesa foi marcada pela pluralidade, com a presença de três religiões: o taoismo, o confucionismo e o budismo. As primeiras duas tiveram sua gênese dentro do território chinês, e a última migrou da Índia durante o primeiro século da Era Cristã. Por isso, a China é chamada *San Chiao*, ou a terra de três tradições.

O taoismo promove os princípios do não controle e da não interferência, assumindo o conceito do "eterno fluir" das coisas, dando grande ênfase à espontaneidade e à ação de acordo com a natureza. A palavra chinesa *Tao* remete ao significado de "caminho" ou "via", enfatizando três virtudes do Tao, que são: compaixão, moderação e humildade. De acordo com essa tradição milenar, o *Tao* – ou o caminho, a verdade única – é compreendido tanto como o princípio de todas as coisas quanto como o caminho em que todas as coisas seguem seu curso.

Em nossa abordagem, analisamos o contexto do surgimento do taoismo, que é atribuído ao sábio Lao-Tzu, o Velho Mestre. Considerado o fundador do taoismo, escreveu a obra *Tao Te Ching*, base da doutrina taoista, um dos textos mais sublimes e uma das mais emocionantes realizações da cultura chinesa. Lao-Tzu concebia o *Tao* como a harmonia do mundo, o divino e a fonte desde a qual surgem todas as possibilidade da existência.

Podemos resumir algumas orientações e alguns aconselhamentos espirituais e sociais do *Tao Te Ching* nestes termos: "Quanto à morada, viva perto do chão. Quanto ao pensamento, apegue-se àquilo que é simples. Quanto ao conflito, busque a justiça e a generosidade. Quanto ao governo, tente não controlar. Quanto ao trabalho, faça aquilo que gosta de fazer. Quanto à vida familiar, esteja totalmente presente" (Toropov; Buckles, 2004, p. 283).

Uma das obras que aprofundam a filosofia do *Tao Te Ching* é o *I-Ching - O Livro das Mutações*, que explora o universo da natureza apresentando os aspectos opostos e complementares por meio de ideogramas e hexagramas, assim como o princípio do *yin-yang*. A ideia básica dessa obra é que o *Tao* é visto como "ordem natural", marcada pela alternância harmônica de ciclos – noite e dia, crescimento e declínio, masculino e feminino, etc. – e por uma ilimitada criatividade que transcende a expressão impermanente. Ou então podemos afirmar que o *Tao* "pode ser mais bem descrito como o modo como o Universo opera" (Toropov; Buckles, 2004, p. 285). Seguindo o silêncio proposto pelo taoismo, os seres humanos são capazes de refletir sobre suas atividades com equilíbrio e equanimidade e, assim, os benefícios serão atingidos tanto pela família como pela sociedade.

Durante séculos, o taoismo serviu como plataforma para o crescimento espiritual tanto na cultura chinesa como nas culturas ocidentais. Para muitos chineses, os ensinamentos taoistas baseados na natureza deram origem a uma profunda reverência aos processos naturais e a um desejo de voltar ao mundo natural. O taoismo estimulou um poderoso envolvimento com a própria vida, expresso na saúde, na vida longa e até na imortalidade, com base em suas propostas de estabelecimento da harmonia com a natureza. O pensamento e a prática taoistas acabaram por ter uma ampla aceitação na sociedade chinesa e também fora da China, graças à sua importância para a medicina. Além disso, os grandes avanços que o taoismo promoveu no campo das artes marciais também estão ligados à duradoura popularidade dessa doutrina.

A ênfase do taoismo na integridade e na autenticidade, bem como um engajamento tranquilo e autêntico com o mundo, pode ser a melhor expressão do tradicionalismo dessa filosofia. Dessa forma, os princípios e os ensinamentos do taoismo inspiraram e ainda inspiram culturas, religiões e sociedades do mundo contemporâneo.

REFERÊNCIAS

ADKINSON, R. **Sacred Symbols**: Tao. New York: Thames & Hudson, 1996.

ALVES, L. A. **Cultura religiosa**: caminhos para a construção do conhecimento. Curitiba: Ibpex, 2009.

BOWKER, J. **Para entender as religiões**: as grandes religiões mundiais explicadas por meio de uma combinação perfeita de texto e imagens. São Paulo: Ática, 1997.

BRUNNER-TRUT, E. (Org.). **Os fundadores das grandes religiões**. Petrópolis: Vozes, 1999.

CAMPBELL, J. **As máscaras de Deus**: mitologia oriental. São Paulo: Palas Athena, 2002.

CAPRA, F. **O Tao da física**: uma análise dos paralelos entre a física moderna e o misticismo oriental. São Paulo: Cultrix, 1990.

CECILIA, I. **Tradições orientais**. Roma, 2004. Palestra. p. 1-8.

CHING, J. et al. **China e cristianismo**: em busca de um homem novo. Petrópolis: Vozes, 1979.

COHEN, N. Chuang Tzu (Chou): o poeta da liberdade. **Revista Thot**, São Paulo, n. 31, p. 46-47, 1983. Disponível em: <http://www.palasathena.org.br/arquivos/pedagogicos/THOT%201983%20N.31/Chuang%20Tzu%20-%20o%20poeta%20da%20liberdade.pdf>. Acesso em: 23 mar. 2020.

COOPER, J. **An Illustrated Introduction to Taoism**: the Wisdom of the Sages. Bloomington: World Wisdom, 2010.

CORDEIRO, A. L. Taoismo e confucionismo: as duas faces do caráter chinês. **Sacrilegens**, Juiz de Fora, v. 6, n. 1, p. 4-11, 2009.

FERREIRA, M. P. (Org.). **Confúcio**: vida e doutrina – os analectos. São Paulo: Pensamento, 2001.

HELLERN, V.; NOTAKER, H.; GAARDER, J. **O livro das religiões**. São Paulo: Companhia das Letras, 2000.

HIXON, L. **O retorno à origem**: a experiência da iluminação espiritual nas tradições sagradas. São Paulo: Cultrix, 1997.

JAVARY, C. **O I-Ching**: o livro do yin e do yang. São Paulo: Pensamento, 1997.

JOHNSTON, W. **Cristianismo zen**: uma forma de meditação. São Paulo: Cultrix, 1979.

KRAMERS, R. P. Confúcio. In: BRUNNER-TRUT, E. (Org.). **Os fundadores das grandes religiões**. Petrópolis: Vozes, 1999. p. 179-202.

KRAMERS, R. P. Lao-Tsé. In: BRUNNER-TRUT, E. (Org.). **Os fundadores das grandes religiões**. Petrópolis: Vozes, 1999. p. 203-226.

KÜNG, H. **Religiões do mundo**: em busca dos pontos comuns. Campinas: Verus, 2004.

LANNA, M. Em busca da China moderna. **Caderno de Campo**, São Paulo, ano 6, n. 5-6, p. 255-258, 1997. Resenha. Disponível em: <http://www.revistas.usp.br/cadernosdecampo/article/view/52362/56370>. Acesso em: 23 mar. 2020.

LAO TSE. **Tao te Ching**: o livro do caminho e da virtude. Rio de Janeiro: Mauad, 1998.

LAO-TSÉ. **Tao Te Ching**: o livro que revela Deus. Tradução e comentários de Huberto Rohden. São Paulo: M. Claret, 2013.

LAO-TZU. **Tao-Te King**: o livro do sentido e da vida. Texto e comentário de Richard Wilhelm. São Paulo: Pensamento, 2006.

LARRÉ, C. O sentido da transcendência no pensamento chinês. In: CHING, J. et al. **China e Cristianismo**: em busca de um homem novo. Petrópolis: Vozes, 1979. p. 51-60.

LELOUP, J.; BOFF. L. **Terapeutas do deserto**: de Fílon de Alexandria e Francisco de Assis a Graf Dürckheim. Petrópolis: Vozes, 2011.

MASPERO, H. **El taoismo y las religiones chinas**. Madrid: Trotta, 2000.

MESSING, B. **O Tao da gerência**: adaptado do Tao-Te King para os gerentes da Nova Era. São Paulo: Nobel, 1992.

PROJETO ORIENTALISMO UERJ. **O tratado interno**: Neijing. Disponível em: <http://chines-classico.blogspot.com/2007/07/o-tratado-interno.html>. Acesso em: 23 mar. 2020.

RAVERI, M. **Índia e Extremo Oriente**: via da libertação e da imortalidade. São Paulo: Hedra, 2005.

SAHAYAM, J. **Religions of the World**: A-Z. India: Bangalore, 2010.

SAMTEN, P. **A roda da vida**: como caminho para a lucidez. São Paulo: Peirópolis, 2010.

SAMTEN, P. **Meditando a vida**. São Paulo: Peirópolis, 2001.

SCHLESINGER, H.; PORTO, H. **Dicionário enciclopédico das religiões**. Petrópolis: Vozes, 1995. v. II: K-Z.

SHAW, Y.-M. A cultura chinesa na visão do Ocidente. In: CHING, J. et al. **China e cristianismo**: em busca de um homem novo. Petrópolis: Vozes, 1979. p. 6-25.

SMITH, H. **As religiões do mundo**: nossas grandes tradições de sabedoria. São Paulo: Cultrix, 1991.

SOCIEDADE TAOISTA DO BRASIL. **Mestre Wu Jyh Cherng (1958-2004)**. 22 out. 2012. Disponível em: <http://sociedadetaoista.com.br/blog/sociedade-taoista/mestre-wu-jyh-cherng>. Acesso em: 23 mar. 2020.

SPENCE, J. **Em busca da China moderna**. São Paulo: Companhia das Letras, 1996.

TOROPOV, B.; BUCKLES, L. **O guia completo das religiões do mundo**. São Paulo: Madras, 2004.

WATTS, A. **O zen e a experiência mística**. São Paulo: Cultrix, 1958.

WILHELM, R. Introdução. In: LAO-TZU. **Tao-te King**: o livro do sentido e da vida. Texto e comentário de Richard Wilhelm. São Paulo: Pensamento: 2006. p. 11-32.

BIBLIOGRAFIA COMENTADA

LAO-TZU. **Tao-Te King**: o livro do sentido e da vida. Texto e comentário de Richard Wilhelm. São Paulo: Pensamento, 2006. Trata-se de um dos textos mais importantes para conhecer a cultura chinesa, especificamente no âmbito religioso. O autor Lao-Tzu expressa em imagens sua filosofia de vida, e as imagens são totalmente elementares, mas não tão fáceis de entender. O papel do tradutor Richard Wilhelm foi dos mais relevantes, pois ele adquiriu o conhecimento exato do ambiente cultural chinês ao longo dos anos em que viveu na China e conseguiu traduzir a obra de uma forma compreensiva para a mente ocidental.

CAPRA, F. **O Tao da física**: uma análise dos paralelos entre a física moderna e o misticismo oriental. São Paulo: Cultrix, 1990. Essa é uma das obras mais importantes para traçar os paralelos entre o Oriente e Ocidente. O autor procura oferecer uma visão mais completa sobre a relação entre a física moderna e as tradições orientais, especificamente as do budismo e do taoismo. É interessante notar o conhecimento do autor sobre o assunto, especificamente do taoismo, e a forma sutil como mostra a unidade entre o Ocidente e o Oriente. O autor apresenta o mundo cultural chinês para afirmar sua teoria da física moderna.

JAVARY, C. **O I-Ching**: o livro do yin e do yang. São Paulo: Pensamento, 1997.

Conhecido no Ocidente como o *Livro das Mutações*, o *I-Ching* é uma das obras mais belas da cultura chinesa. Apesar de ter poucas páginas, apresenta toda a dinâmica da cultura chinesa antiga. O livro é prático, preciso e rico em conteúdo, bem como ajuda em consultas nas pesquisas sobre a cultura chinesa. O autor afirma que essa obra traz explicações tanto para aqueles que já têm conhecimento sobre o assunto quanto para os que demonstram apenas curiosidade e interesse pelo *I-Ching*.

KÜNG, H. **Religiões do mundo**: em busca dos pontos comuns. Campinas: Verus, 2004.

Hans Küng, uma das celebridades mundiais no campo do diálogo inter-religioso, leva o leitor a todos os lugares em que surgiram as grandes tradições religiosas. Esse livro oferece uma visão clara dos contextos do nascimento das tradições, de seus fundadores e de suas doutrinas. Além disso, apresenta a trajetória histórica da difusão de cada religião e a aplicação de sua mensagem aos tempos contemporâneos em contextos diversos.

BOWKER, J. **Para entender as religiões**: as grandes religiões mundiais explicadas por meio de uma combinação perfeita de texto e imagens. São Paulo: Ática, 1997.

O autor apresenta o universo das tradições religiosas com base em ilustrações. Todas as tradições examinadas nessa obra carregam uma rica simbologia, e o autor trata minuciosamente dos significados de cada símbolo, possibilitando uma compreensão clara e adequada. O texto com imagens é um método muito criativo, que facilita a aprendizagem.

RESPOSTAS

Capítulo 1

ATIVIDADES DE AUTOAVALIAÇÃO
1. b
2. a
3. b
4. a
5. c

ATIVIDADES DE APRENDIZAGEM

Questões para reflexão
1. Lembre-se de um provérbio que o leve a contemplar sua vida.
2. Pense de que forma os provérbios podem contribuir para melhorar a qualidade de nossas relações.

Atividade aplicada: prática
1. Resposta pessoal.

Capítulo 2

ATIVIDADES DE AUTOAVALIAÇÃO
1. a
2. a
3. c
4. a
5. a

Atividades de aprendizagem

Questões para reflexão

1. Considere o aprendizado que você teve com o filme sobre Bruce Lee e reflita sobre isso.
2. Considere também as formas como perdemos nosso equilíbrio interior.

Atividade aplicada: prática

1. Resposta pessoal.

Capítulo 3

Atividades de autoavaliação

1. a
2. d
3. b
4. a
5. a

Atividades de aprendizagem

Questões para reflexão

1. Faça uma reflexão sobre sua própria vida, desde sua infância até a fase atual, e observe silenciosamente as transformações ocorridas.
2. Pense nos motivos pelos quais passamos por essas mudanças que ocorrem na vida humana e na natureza.

Atividade aplicada: prática

1. Resposta pessoal.

Capítulo 4

ATIVIDADES DE AUTOAVALIAÇÃO

1. b
2. a
3. c
4. d
5. a

ATIVIDADES DE APRENDIZAGEM

Questões para reflexão
1. Reflita sobre quais são as atitudes concretas que você pode cultivar para melhorar sua relação com a natureza.
2. Pense sobre de que forma você pode contribuir com os governantes de seu município para cuidar da ecologia.

Atividade aplicada: prática
1. Resposta pessoal.

Capítulo 5

ATIVIDADES DE AUTOAVALIAÇÃO

1. a
2. d
3. b
4. a
5. d

Atividades de aprendizagem

Questões para reflexão
1. Pense sobre sua própria respiração e procure estar consciente do ar que entra e sai pelas narinas. Faça isso de uma forma meditativa.
2. Realize uma oração contemplativa durante o processo de sua respiração.

Atividade aplicada: prática
1. Resposta pessoal.

Capítulo 6

Atividades de autoavaliação
1. a
2. c
3. c
4. a
5. b

Atividades de aprendizagem

Questões para reflexão
1. Pense sobre o que seria da vida humana sem o sol, a lua, o vento e a chuva. Contemple.
2. Reflita sobre o impacto do sol e da chuva na natureza.

Atividade aplicada: prática
1. Resposta pessoal.

SOBRE O AUTOR

Nascido na cidade de Mangalore, no sul da Índia, **Joachim Andrade** chegou ao Brasil em 1992. Depois de uma breve passagem por Brasília, dedicada aos estudos do idioma e da cultura brasileira, instalou-se na cidade de Curitiba, no Paraná. É formado em Filosofia e Teologia pelo Pontifício Instituto de Jnana Deepa Vidyapeeth (Pune, Índia) e em Literatura Inglesa e História pela Universidade de Mysore (Índia), especialista em Dança Clássica Indiana pelo Gyan Ashram Institute of Performing Arts (Mumbai, Índia), mestre em Antropologia Social pela Universidade Federal do Paraná (UFPR) e doutor em Ciências da Religião pela Pontifícia Universidade Católica de São Paulo (PUC-SP). Publicou diversos artigos científicos e é autor dos seguintes livros: *Dança clássica indiana: história – evolução – estilos* (2008), *Caminhos para a missão: fazendo a missiologia contextual* (2008), *Teologia dos sacramentos* (2017) e *Trilhando os caminhos de missão: fundamentos e apontamentos de missiologia* (2018). Atualmente, é assessor do Centro Cultural Missionário, dirigido pela Conferência Nacional dos Bispos do Brasil (CNBB), e membro da equipe interdisciplinar nacional da Conferência dos Religiosos do Brasil (CRB) em Brasília. Também é membro de Comitê de Avaliação da Universidade de Mysore e da Universidade Gauhati, ambas da Índia. Atualmente, é professor na Faculdade Studium Theologicum, na Faculdade Vicentina e na Pontifícia Universidade Católica do Paraná (PUC-PR), em Curitiba.

Os papéis utilizados neste livro, certificados por instituições ambientais competentes, são recicláveis, provenientes de fontes renováveis e, portanto, um meio responsável e natural de informação e conhecimento.

Impressão: Reproset